U0856494

好工作是这样干出来的

李 毅　王雪荣◎著

把握自己，把握现在，珍惜当下，创造未来，

好工作就在自己手中。

中国言实出版社

图书在版编目(CIP)数据

好工作是这样干出来的/李毅,王雪荣著.
—北京:中国言实出版社,2012.10
ISBN 978-7-80250-983-2

Ⅰ.①好…
Ⅱ.①李… ②王…
Ⅲ.①职业选择—通俗读物
Ⅳ.①C913.2-49

中国版本图书馆CIP数据核字(2012)第203619号

出版发行 中国言实出版社
地　址:北京市朝阳区北苑路180号加利大厦5号楼105室
邮　编:100101
电　话:64924716(发行部) 64924735(邮　购)
64924880(总编室) 64914138(四编部)
网　址:www.zgyscbs.cn
E-mail:zgyscbs@263.net

经　　销 新华书店
印　　刷 北京世纪雨田印刷有限公司
版　　次 2012年10月第1版 2012年10月第1次印刷
规　　格 710毫米×1000毫米 1/16 13印张
字　　数 200千字
定　　价 32.00元 ISBN 978-7-80250-983-2/C·46

前言

工作是人们在生活中所从事的最重要的社会活动。职场人每天忙碌在自己的岗位上，然而，我们的工作质量和忙碌的成果却有着很大差别。有些员工是单位里的工作骨干，是企业里不可或缺的人，而有些人则浑浑噩噩无所作为，甚至面临淘汰。在现实生活中，能将自己工作干好的人，很容易得到别人的尊重和认可，人们透过他们的工作成果，就能看到他们身上的闪光点。每个人都希望从自己的辛勤劳动中看到价值，得到回报，每个人也都盼望自己得到社会的认可和尊重。在自己的工作岗位上取得成就，会被社会尊重和认可，我们内心会充满自信和满足感，这也是员工努力工作的最好回报。

人们不禁要问：那些工作成绩优异的人们是如何干好自己的工作的？很多人觉得干好一份工作需要超强的工作能力，需要高学历。其实不然，干好一份工作不仅仅依靠员工的工作能力，还要求员工具备很强的学习能力、创新能力和对工作永不放弃的信念和敬业态度，等等。由此可见，干好工作并不是件容易的事情。正如美丽的花朵离不开园丁的精心培育，一份好工作也是需要员工用辛勤的汗水和不懈地努力换来的。

干好工作的前提是端正工作态度，正确理解工作对于我们的意义，找到工作的真正价值。拥有一份工作，选择了一个岗位，也就拥有了显示自己人生价值的机遇与平台，所以，我们应心怀感恩和激情把自己的工作当成事业来经营，高效完成工作，用完美的工作回报社会、企业，同时也为自己打下牢固的事业基础。

《好工作是这样干出来的》一书，归纳总结了员工们干好工作所应该具备的几种能力和方法，书中穿插形象而生动的案例，详细为读者解答了“如何干好工作”这一职场难题。本书用理论结合案例的叙述方式告诉读者：一份完美的工作是员工们将自己丰富的经验、过硬的技能和卓越的才华应用于工作实践的过程。在这个过程中，员工应该准确理解工作的价值和意义，找准自己在工作中的定位，不断提高自己的创新力、学习力以及沟通能力等综合素质，这样，才能把自己的工作做得出色，干得漂亮。

真诚地希望本书能给在职场中拼博的读者们提供一点参考，并祝愿读者在通往成功的职场之路上越走越好！

目 录
Contents

第一章 准确定位自己，是干好工作的起点

准确定位自己，是干好工作的起点。准确定位自己，就是对自己在工作中应起到的作用，应做的事情，应达到的目标等，有清醒、客观的认识，扮演好自己的角色。

第二章 良好的态度至关重要

员工的职业态度决定了他们的工作成果。作为企业的一名员工，只有具备了良好的工作态度，才会将自己的所有技能和才华充分施展出来，出色地完成自己的本职工作。

第三章 一流的沟通能力，让你干出一流的业绩

出色的职场人士都有一个共识：不管个人的工作能力多强，不能有效地与同事沟通，不能与同事和谐相处，是职场发展的最大障碍之一。具备一流沟通能力的员工，能在工作中获得更多的理解、支持和认可，工作起来往往事半功倍，更容易创造出优异的工作成绩。

第四章 近乎完美的执行，产生近乎完美的结果

员工对待工作，通常会有两种截然不同的态度：一种努力挑战困难，完美执行工作；另一种是避重就轻，永远逃避责任。当然，前者的路越走越宽，走向成功；而后者的路则是越走越窄，走向平庸。

第五章 高效的工作方法，让你干出更高的绩效

绩效是管理员工的一种方式，是根据员工表现给予员工奖惩的依据。绩，是业绩；效，是效率。员工的工作方法往往决定了工作的业绩与效率，高

效的工作方法是优秀员工创造高绩效的法宝。

第六章 出色的创新能力，让你把工作干得更出色

具有创新精神的员工是推动企业发展的巨大动力源。能在工作中创新的员工，往往会脱颖而出，成为企业里最具价值的员工。员工在工作中充分地发挥自己的主观能动性和创造性，才能够把工作干得更加出色。

第七章 非凡的学习能力，让你干出非凡的工作成绩

有非凡学习能力的员工，不仅善于思考、有着良好学习习惯和较高的职业素养，还是提高企业竞争力，增强企业凝聚力的核心成员。因此，员工在工作中要善于学习，善于思考，并逐步培养自身非凡的学习能力和卓越的工作能力，才能成为被企业重用、被领导青睐的优秀员工。

第八章 一流的工作能力，让你成为一流的员工

员工的工作能力是员工在工作过程中，不断学习和实践，逐步培养而成的。一名员工，只有不断提升自己的工作能力，才能创造出卓越的工作成绩，显示出超强的工作水平，成为企业不可或缺的员工。

第九章 对现状永不满足，你会将工作干得更完美

员工在工作中如果没有更高的目标，满足于眼前的成绩，就很难做出完美的工作。换而言之，完美的工作取决于员工对自己高要求、高标准和永不满足的工作态度。因此，员工要想在工作中创造出完美的工作成果，取得优异的业绩，就要摒弃容易满足的恶习，不断为自己制订更高的工作标准和要求。

第十章 对任务永不放弃，你会将工作干得更漂亮

一丝不苟地做好工作，关注其中的每个细节，工作再难，也坚决不放弃，对工作任务永不放弃这是一名优秀员工应该具有的品质。

第十一章 对岗位永怀崇敬，你会将工作干得更精彩

树立高度的责任感和忠诚心，怀着对岗位的崇敬之心，是把工作做好的前提。敬业的心态会促使员工养成良好的工作习惯，让员工成为值得信赖，能被委以重任的人。有了敬业精神，员工才有积极工作的动力和激情，才能通过工作不断地提升自己，体现自我的价值。因为敬业员工会把工作干得更精彩，因为敬业员工会为企业创造更多财富。

第十二章 对企业无私奉献，你会把工作干得更卓越

在工作中勇于奉献的员工，才能够做出卓越的工作成绩。奉献的精神来源于员工内心的对人生和企业感恩的意识，这种意识促使员工忠于职守，热爱工作，并对工作满怀激情。只有懂得奉献，把奉献作为快乐的源泉才能把工作做好。

第一章
准确定位自己，是干好工作的起点

准确定位自己，是干好工作的起点。准确定位自己，就是对自己在工作中应起到的作用，应做的事情，应达到的目标等，有清醒、客观的认识，扮演好自己的角色。

1

清楚每天在为谁工作

企业是一个有机的整体，不管你在企业的哪个部门，从事何种工作，你的工作对于企业来说都是不可或缺的，都有着不可忽略的重要意义。在为企业创造价值的同时，我们是否也在为自己的人生创造价值？

你每天在为谁工作？对于所有人来说这是一个值得反思的问题。清楚了每天在为谁工作，才能更好地干好工作，尤其是对于处于人生刚刚起步的阶段的年轻人来说，首先要明确的就是这个问题。因为年轻人往往会经不起工作的考验，过于追求物质享受，容易错过机遇。清楚了每天在为谁工作，会让你在企业中准确定位自己，明确自己的目标，每天都充满工作热情，好好干工作。

张明浩和张明远是两兄弟，他们都在广州打工，刚开始，他们没有任何专业技能，只能给一个码头的仓库缝补苫布。兄弟俩不仅手脚勤快，而且出活快，质量好。可是时间长了，就看出兄弟俩的工作态度完全不同，明浩每次看到被人丢弃的边角料都会随手收拾起来，带回厂里，以备不时之需。有天夜里，外面下着暴风雨，明浩被暴雨惊醒之后，马上从床上爬起来，到处找手电筒，准备出去看看外面的情况。

明远拦着他说道："你是傻瓜呀，又不是自己家的东西，何必那么上心呢？"

"工厂的东西也不能淋雨呀，湿的就不能用了。"明浩说着，起身跑到外面去了。

明远看着哥哥在风雨里忙来忙去的，心里直骂他是傻瓜："我们的工作是缝苫布，又不是看仓库！"

其实那夜风雨大作，老板也很不放心放在码头的货物，他半夜驱车从家里来到码头，还没走近就看见有一个人在货物周围忙碌着，原来是住在码头的缝布工人张明浩。看着被淋成落汤鸡的明浩，老板心里感动，一个新的人事任命这时在他脑海中决定了。

第二天工作会议，老板把昨天晚上看到的情景向全体员工重述了一遍，并且宣布把明浩升为分公司的业务主管。明远非常诧异："这么容易就可以升职，早知道昨晚我也淋着雨去搬货了。"

明浩在升任主管后，依旧兢兢业业地工作，公司无论大事小事都像对待自己家里的事情一样，由于他的敬业和执著，几年之后，明远成立了自己的公司，开始开创真正属于自己的事业。而他弟弟明远依然是码头上的一个缝苫布的工人。明远一直不明白：为什么哥哥可以顺风顺水，他却从来都没有发展的机会。他大概永远都不会明白谁才是真正的傻瓜。

有位专门从事企业管理研究的人士把企业员工分为这样两种类型：一种是挑水型的员工，另一种是挖井型的员工。挑水型的员工因为计较薪水，愿意将时间花在和同事的比较上面，并且永远试图逃避繁重的工作，除了干好自己的本职工作外，不愿意多付出一点。而挖井型的员工则恰恰相反，他们将当前的工作当做事业来经营，愿意将自己的工作延伸到更宽广的领域，只要是可以提升自己的机会，都会积极主动地付出时间和智慧。挑水型的员工一味地只顾眼前，看不到长远，注定会被淘汰，而挖井型的员工却有机会全力经营自己的事业，赢得更宽广的未来。

案例中的明浩就是典型的挖井型员工，他不计较个人得失，不是为了讨好老板而工作，而弟弟明远是挑水型的员工，他看起来比哥哥"聪明"，比哥哥少付出，少费力，遇到费力不讨好的事情就极力避而远之。两人的结局自然不同。

黄玲是一家杂志社的客服专员，作为众多北漂的一员，虽然是大专学历，可是做客服一行，薪水不会很高。可是，她不但在业务上很专业,而且充满激情。每次电话接起来,她都会凭借记忆辨认声音是哪位客户。如果只是简单地看薪水工作,她本来没有必要这么用心的工作。可是,她并没有过多计较薪水,反而借助客服这个机会,与很多经常往来的客户结下友谊,不仅从他们身上学到了很多经验,更为自己的进一步发展提供了机会。

在工作一年以后,黄玲已经能够完全胜任自己的工作,而且由于她把所有的业余时间用来学习,现在的她,无论是视野、能力和知识面已经远远超过一个普通客服人员的水平。通过一个熟识客户的介绍,黄玲到了一家知名企业应聘。她这次应聘的不是客服人员,而是人力资源部的助理。通过层层的选拔,黄玲最后从几十个人中脱颖而出,成为人力资源部的助理。在助理的岗位上,她同样满怀激情,不断提升自己,不停地学习,遇到不懂的地方虚心地向前辈请教,真诚对待每一个合作伙伴。由于工作表现出色,不到一年,她就被提升为人力资源部培训主管。

我们每天辛勤地工作,每天都在为了干好工作而不断努力,我们的工作不再只是为了薪水,为了老板满意,更多的是为了实现自我价值。其实,大家在工作之初的起点是一样的,只是有的人在工作中不断地提升自我而获得成功,有的人只是虚度光阴,有的人仅局限于眼前而碌碌无为。如果你不想原地踏步,不想得过且过,那么请现在就反思:你每天在为谁工作?

永远不要说"我只不过是给别人打工",这样说不仅是对工作的不负责任,也是对自己的人生不负责任。我们应该树立正确的观念:我们干好工作,不仅是为了企业和老板,还为了实现自我价值。只有这样,我们才能每天满怀热情,积极主动地投身于工作当中,进而实现自己的职业理想和人生理想。

2

工作是为了实现人生的价值

工作虽然是一种谋生的手段，但是赚钱不是工作的主要目的。对于现代人来说工作在维持生存的同时，更有意义的是实现人生价值。俗话说钱财乃身外之物，不能把赚钱当做工作的全部意义，更重要的是，工作能创造更多除了薪水之外的价值。

我们离不开职场，我们的人生与职场紧密相连，我们的价值与职场密不可分。人生最大的失误是把工作当做赚钱的途径，不懂得工作的意义，不懂得把人生的意义赋予工作，不懂得将工作当做一种享受。

相信每个人都希望自己的人生是有意义、有价值的，与其在计较和抱怨中消磨自己的意志，不如调整心态，让自己的工作变得更有意义。作为一名员工，除了与老板是一种雇佣关系外，还为企业创造了价值，在工作中得到了能力和自我价值的提升。因此，我们应该珍惜每一个工作机会，尊重每一份工作，在工作中实现人生的价值。

江西上饶供电公司经理毛日标说道："人的价值可能会体现在多方面，但首先应该体现在自己本职工作的质量上。"他也的确以这样的工作态度来对待自己的事业的。自从他接手上饶供电公司的工作以来，一改原来上饶供电公司人员多、底子薄、基础差的面貌，在充分考察过当地地形的前提下，大胆地提出南北电网"手拉手"的供电设想。南北联网既缓解了电力供需矛盾，又吸引了江浙客商投资，实现了双赢，为当地的创业增收提供了有利条件。

在当地做出了优异成绩的毛日标，没有故步自封，反而更加勤奋地开始探索新的问题。2006 年，他率先在供电系统内开展农电企业安全生产标准化作业管理，由他组织的 10 千伏线路单杆组立、10千伏配电台区接地电阻测量、10千伏配电台区负荷测试等标准化作业赢得了专家组好评。凭借着的工作成绩，毛日标赢得了用户的一致肯定，不仅在上饶市职业道德评比中获得“十佳标兵”称号，还先后获得“江西省电力公司劳动模范”称号和全国“五一劳动奖章”。

江浙的投资商和毛日标洽谈业务之余，问过他这样的问题：“像你们这些国有企业的领导，这么卖力是为了什么，你究竟在为谁工作?”毛日标说：“说大了，为了千千万万的用户，但是说实话，工作是为了自己，为了实现自己的人生价值。”

在现实生活里像毛日标这样能深刻意识到“工作是为了自己，为了实现自己的人生价值”的人很多。这些人要么是一个企业的领军人物，要么是一个行业的佼佼者，要么是某个方面的优秀人才，为推动社会的发展贡献着自己的智慧和才能。他们是企业需要的优秀员工，在自己的工作岗位上实现了最大的人生价值。

毛日标是千千万万普通员工中的一个，但是他在工作中实现了自己的人生价值，为社会创造了宝贵的财富，是值得大家学习的楷模。工作已成为我们人生中最重要的内容，我们的人生大部分时间都是在工作中度过，不要小看自己的工作，即使是最平凡的工作岗位，也有不可代替的价值。

初涉职场的年轻人容易犯目光短浅的毛病，常常将眼睛盯在待遇条件的问题上，使得自己长远发展受到损害。

3

工作让平凡的你变得不平凡

平凡和卓越只有一步之遥，出色的工作可以让平凡的你变得不平凡。

许多人每天都在做着重复的、平凡的工作，有些人轻视自己的工作，不能认认真真地工作，养成马马虎虎的习惯，对待工作敷衍了事，最后彻底沦为平庸的人。

其实，不管你多么平凡，不管你的工作多么卑微，只要你认真干好工作，就有机会发挥你的所长，取得优异的成绩。爱默生曾经说过："只有浮浅的人才相信运气，坚强的人相信凡事有果必有因，一切事物皆有规则可循。"如果你甘于平凡，不敢力争上游，你就不可能得到提升的机会。虽然有梦想，也只能是空想。成功者之所以成功，是因为懂得在工作中奋力拼搏，在平凡中累积和沉淀。

许师傅是三年前来到校园做清洁工的，之前做环卫工作，现在转做绿化工作。许师傅的老家在湖南，他家那边经济发展很落后，家里有几亩薄田，收成很少，碰上天灾更没收成，于是老伴一人在家务农，他则出来打工。

做环卫工作的时候，许师傅主要负责校园教室的清洁工作，每天在学生上课之前将教室打扫干净，下课后再打扫一次，基本上是上午两次，下午两次。这项工作看似简单、轻松，实际上很烦琐、劳累。他每天都很仔细地清扫每个角落，对于老师和同学们落下的物品，他都会一一整理好放回讲台和学生的座位。工作之余，他还帮助校园绿化人员做校园的绿化工作，受到大家的一致好评，于是学校要增加绿化人员时，有人推荐了他。

在新的工作岗位上，许师傅的工作热情一点都没减。春天剪枝，夏天浇水，冬天的时候还要帮助怕冻的树木穿上"棉衣"，在许师傅的悉心照料下，校园的树木和花草长势很好。许师傅还会根据自己的经验，将不同种类的花进行搭配，组合成不同的图案，为师生营造美丽的校园环境。去年，学校在甬路旁边新栽种了五十棵银杏树，经过许师傅一年多的照顾，五十棵银杏全部成活，而且枝繁叶茂。其实，做绿化工作的薪水并不高，但是，每当听到学生说学校的绿化搞得真好时，许师傅总是一脸的自豪，感到很满足。

2011 年 6 月，许师傅被学校评为"最优秀的绿化园丁"。此后，全校师生都尊称他为"绿化园丁"。许师傅受到全校师生的爱戴，还被学校聘任为绿化组的组长，工资待遇也得到了提高。

在现实生活中，像许师傅这样的人很多，他们看起来十分平凡，在平凡的工作岗位上做着平凡的工作。但是他们却从中享受到了快乐，得到了人们的赞赏和尊重。许师傅的职场经历还告诉我们：只要你踏踏实实地干好工作，无论你认为自己多么平凡，无论你从事的工作多么平凡，你就有可能成为不平凡的人。

平凡不一定就意味着平庸，琐碎也不代表着不重要。尽心尽力地工作，在工作中脚踏实地，会拥有更宽广的人生舞台。

公交乘务员的工作给人的印象一般是很辛苦，很枯燥，毫不起眼。可是，当记者问到重庆巴士公司的公交乘务员黄春燕时，她却说："我从小就喜欢和不同的人打交道，而做公交乘务员正好可以每天和形形色色的人打交道，而且在工作中我也收获了很多宝贵的人生经历，我很喜欢这份工作。"

当年，高中毕业的黄春燕进城打工，一个偶然的机会参加了公交公司的乘务员考试。那个时候的她认为乘务员很神气，而且每天可以免费坐车在城市里跑来跑去。可是，工作了一段时间之后，她就了解到这份工作远不是"神气"就能够概括的。乘务员要对不同的乘客提供不同的服务，要做盲人的眼睛、残疾人的拐杖、小朋友的阿姨、外地人的向导……并非只是简单地卖票、收钱。这是黄春燕工作一段时间后总结出来的心得。

面对每日重复的平凡生活，黄春燕总是面带微笑，热心对待车上的每一位乘客，她用热心和细心为乘客营造一个方便温馨的乘车环境。她说她的偶像是李素丽，经常关注李素丽的动态，好切身地学习她是怎样对待工作，对待每一个乘客的。然而，实际上，黄春燕本身已经是重庆市公交乘务员们的榜样了。黄春燕在乘务员的岗位上工作了六年，在这六年间，她先后获得了重庆市的"五一劳动奖章"、"五四奖章"等，她不仅对待工作认真负责，在业余生活更是抓紧时间给自己充电，她已经取得了经济管理的大专文凭，但仍继续学习，想拿到学士学位。对于目前的工作，黄春燕坚定地说："虽然乘务员的工作很辛苦，也很平凡，但是只要你肯用心，再平凡的岗位都会做出不平凡的成绩。"

事实证明，工作能让平凡的你变得不平凡，黄春燕是成千上万公交乘务员中普普通通的一个，但是她在工作中的出色表现让她成为了一颗闪亮的明星。其实，我们每一个人都有成为"明星"的潜质。香港的著名电影演员周润发曾经说："工作无贵贱之分，我做过信差、门童与杂工，日薪8元我都做过。工作对于每个人来说都很重要，至少可以证明自己的存在价值。"

我们应该明白"没有天生的伟人，只有努力才能变得不平凡的人"的道理，重新审视自己对待工作的态度，改变自己在工作中不好的做法，认真负责地完成工作任务，积极主动地工作，在平凡的工作中做出不平凡的成绩。

4

干好工作是对企业最大的负责

在日新月异、竞争激烈的现代社会，如何才能适应快节奏生活，高效完成工作，做一个对企业负责，对工作负责的员工，这是当代职场人士必须面对的问题。作为一个员工，干好工作是对企业最大的责任。

企业对员工有提供良好的工作环境和福利的责任和义务，同样的，干好工作也是每一员工应尽的责任和义务。

陈先岩，扬州市公安局文峰派出所的一名普通片警，他将自己多年在扬州派出所工作的经验汇集成了一本书——《群众工作密码》。公安部部长孟建柱特意为此书题词。陈先岩多年来在一个两千多户人家，人口六千多人的辖区工作，不仅将社区的各种信息统统记在心里，而且尽心尽力地帮助社区百姓解决问题。凭借出色的工作成绩，他先后获得"省人民满意公务员"、

“全国特级优秀人民警察”、“全国先进工作者”等荣誉称号。

社区工作是一份特别需要细心和耐心的工作，必须挨家挨户地将整个社区的情况了解清楚，做到“进每家门，识每家人，知每家情”。只有这样，才能更好地服务群众，打击犯罪。当初，陈先岩从部队专业回来，担任一名社区民警。当时他分管的三个社区是扬州市最大的居民集中居住区之一，由于地处城乡结合部，流动人口比较大，加之周围是扬州最大的农副产品批发市场，管理起来更是费神费力。陈先岩初步了解情况了之后，就开始了长达九个月的走访，按照“村不漏楼、楼不漏户、户不漏人”的方式搜集到所有社区居民的基本资料，为今后进行更深入的工作打好了基础。

对每一家、每一户、每一口人都有所了解之后，陈先岩在处理社区问题上就可以做到游刃有余了。比如5区11栋1607室的夫妻俩吵架，都闹到了要离婚的地步，陈先岩在了解情况后，主动上门做调解工作。原来，这对小夫妻是从农村过来经营药品生意的，因为这个季度的生意不好，没有赚到钱，又压了本钱，两个人说着说着就吵起来了。陈先岩在了解情况之后，耐心地劝导他们，帮助化解夫妻间的矛盾，最后两人承认离婚不过是一时气话，并承诺齐心协力过日子，争取下一批生意赚到钱。后来夫妻俩真的赚到了钱，决定回家好好孝顺父母，临走前还特意过来感谢陈先岩。

在陈先岩二十多年的工作中，这样的事情不计其数。他把社区当成自己的家，除了出差的日子，几乎每天都要在社区里转悠，有时候到居民家里了解情况，和群众聊会儿天，有时候到企事业单位巡逻、查访，收集各种资料，在他的倡导下，他还创建了一个社区警务室，把办公桌搬到了社区里，现场接待群众、现场办公，陈先岩因此被公安部誉为“社区警务工作室创始人”。

“干好工作，承担责任”需要方法和智慧，需要善于处理突发事件。

在酒店做服务员的徐哲，晚上下班的时候遇到了一个突发的事件。原来，有位老人在卫生间不小心滑倒了，他是一位海南的客人，是正在举行的商业会议的一位贵宾。值日检查卫生工

作的徐哲发现后，立即扶起老人，并赶紧拨打120。在等医院的救护车时，徐哲找来老人的老伴，并一直安慰两位老人。救护车来后，徐哲主动背起老人，并陪同老人一起到医院。到了医院后，徐哲跑上跑下地帮忙。徐哲的举动令两位老人非常感动，对酒店没有半点责备，反而赞扬酒店的服务十分周到。

第二天上班时，经理表扬了徐哲，并且接受徐哲的建议，决定报销客人的全部医疗费用。酒店的这一做法赢得了会议主办方的认可，并且与酒店签下了为期三年的会议举办合同。徐哲因为对工作认真、尽责，不仅受到了表彰，还被破格提升为酒店大堂经理。

可能有些人会觉得徐哲这样做属于“多管闲事”，他既不是客户部的工作人员，又不是服务人员，这不是给自己找麻烦吗？更何况这样的事如果处理不好，还有可能会失去工作。徐哲作为酒店工作人员，凭着高度的责任感，把别人看来麻烦的事作了妥善处理，并为酒店赢得了信誉，创收了经济效益，像他这样的员工是企业的宝贵财富，像他这样的行为应该以大力褒奖。我们应该向他学习。

5

干好工作是对家庭最好的承诺

干好工作是对家庭最好的承诺。对于有家庭的职场人士来说，干好工作是立业之本。很多职场人士在家庭里起着承上启下的重要作用，即上有老下有小，干好工作才能给一家人的生活提供保障。对于没有成家的年轻人来说，干好工作是人生的起点。因为职场竞争日益激烈，如果不能干好工作，会让父母担心，增加他们的压力。

我们经常会听到亲人这样鼓励自己:好好干工作,日子一定会好起来的。在工作中,我们拿什么来回报家人?有的人会说是“工资”,这没错,但是,如果我们不能“好好干工作”,我们的工资就不会得到增长,日子也不能好起来。

我们每个人都渴望幸福美好的生活,然而,幸福美好的生活是需要一定的经济能力来支撑。我们辛勤地工作是为了家人能过上更好的生活。

孙超是奇瑞公司涂装车间的一名工人,他在公司工作的七年时间里,一直抱着“做好本职工作就是对家人的最好回报”的心态工作在生产第一线上。两年前,孙超被分配到刚刚开线的面漆组,没过多久,面漆组就要面对每天合格率不能保证100%的难题,导致整个班组成员的工作遇到了瓶颈。可是,孙超没有被困难吓到,他不断改进自己的工作方法,多次尝试有效果之后,他还将自己的方法分享给全班组的同事,不仅提高了整体的工作效率,而且调动了大家的工作积极性,班组成员之间的配合也越来越有默契。

孙超忘我的工作表现让面漆车间的同事给他起了个外号——“工作狂人”。孙超的妻子快要到预产期的时候,他还是像往常一样在车间忙碌着,偶尔给妻子打个电话,问问孩子的情况。可是,有一阵子车间里赶生产进度,一连忙碌了几个星期,等到孙超想起来打听孩子的事情时,才得知儿子已经出生一天了。对此,孙超的妻子倒是很支持他的工作,“对工作认真负责的爸爸才是孩子的好榜样”,他的妻子如是说。“工作让我找到了人生的价值,这份成功的喜悦也能和家人共同分享。因而,做好我们自己的本职工作就是对家人最好的回报!”这是木讷的孙超难得说出的一段富有深意的话。

孙超的故事告诉我们:工作是一个施展自己才能的舞台,干好工作才是你对家庭最好的承诺。作为职场人士,我们希望家人快乐地生活。家人看到我们在好好干工作时,会倍感欣慰,会快乐,会更加支持、理解我们的工作。把工作当作对家庭最好的承诺,我们辛勤地工作才会更有意义和价值。

一个人在不同的阶段扮演着不同的角色,不同的角色也相应地要承

担不同的责任。当你是一名学生的时候，你的责任就是努力学习，你对家人的承诺是好好学习，争取考上好的学校；当你步入社会，参加工作的时候，你的责任就是逐步找到自己在社会上的位置，实现自己的理想，你对家人的承诺是好好工作，争取收入稳定，早日承担起家庭的责任；当你成家立业了之后，你的责任就相应增多起来，既要发展自己的事业，又要照顾好家人的生活，还要赡养年老的父母，你对家人的承诺是干好工作，取得成功，让全家人过上好日子。

第二章

良好的态度至关重要

员工的职业态度决定了他们的工作成果。作为企业的一名员工，只有具备了良好的工作态度，才会将自己的所有技能和才华充分施展出来，出色地完成自己的本职工作。

1

要干好工作，就要有把工作当事业干的态度

对于职场人士来说，干好工作是为自己找到事业机会的基础。作为企业的一名优秀员工，是怀着把工作当事业干的态度来工作的。这样的员工就像企业的一面旗帜，总是走在别人的前面，干劲十足，仿佛有用不完的力气和智慧。他们总是在别人还在为个人得失斤斤计较时，就已经在职业生涯取得了非凡的成就。

有一位资深企业管理者说过这样一句话："这个世界上没有最容易的工作，也没有最困难的工作，这个世界上的事业也无大小之分，我们在工作的同时，也是在干自己的事业。"我们纵观职场风云变幻，哪一位职场名人不是通过干好作来实现自己的事业梦想的？每个人事业梦想都不一样，每个人的人生价值观都不一样，但是有一样是相同的：在其位就要谋其职。对于职场人士来说，要干好工作，就要有把工作当事业干的态度。

我们通常这样称赞一个努力工作的人：这个人事业心很强，每天都在努力干工作。其实，就是在告诉我们一个道理，无论你有没有事业，工作都是你人生的事业，无论你以什么样的心态对待工作，事业已经在你手中，就要看你是想好好干，还是敷衍了事。你敷衍了事的不是工作，而是自己的事业，你干好了，就成就了自己的事业。

很多人每天都在谈论事业构想，可是却不能认认真真把每天的工作做好，不能踏踏实实地在目前岗位上用心做事。"千里之行，始于足下。"如果只有构想，没有行动，没有点滴的积累，一切构想也不过是空谈。

把工作当成事业做的态度来自内心澎湃的激情。内心充满激情是将工作做好的前提，即使面对枯燥乏味的工作内容，如果带着如火燃烧般的激情，也会在工作中感受无穷的乐趣。激情是事业成功的原始动力，也是创新工作的源泉，没有激情就不可能高质量地完成工作，也不会把事业做得有声有色。

许振超，把岗位当成家的产业工人，将工作当成他一生追求的事业。他从一个普通的码头工人成长为一名工人技术专家，凭借不凡的工作业绩，被评委“全国劳动模范”，并被授予“全国五一劳动奖章”。

三十多年前，许振超中学毕业后到青岛港当了一名码头工人。刚开始，他跟着师傅学习操作起重机，不到一个星期就学会了独立操作。可是，要想像老师傅那样让钩头起吊平稳，钢丝绳走成一条直线的路线还是有些困难。尤其是将矿石装到火车上的作业，如果钩头不稳，就会将矿石都洒在车外，周围的工人们还要用铁锹清理，不仅耽误工时，更耽误众多工友的宝贵时间。

为了尽快掌握操作起重机的技术，每次工作完毕，其他工友都去歇着了，许振超还留在车上，继续练习停钩、稳钩。功夫不负有心人，三个月之后，他操作的起重机作业，已经能够达到一钩吊起，稳稳落下，一点不差的水平。许振超苦心练就这手绝活赢得了工友们的敬重。

因工作出色，不久后许振超开始担任桥吊队的队长。一次，队里的一台桥吊发生了故障，领导请来国外的工程师来维修，结果历时两个星期终将设备修好，可是队里却需要付给他们几万块的维修费。这样的事故一个月总会发生一次，算起来也是笔不小的开销。许振超觉得这钱花得冤枉，如果我们内部培养维修人员，维修费就可以省不少。

说干就干。虽然桥吊系统的构造很复杂，即使科班出身的大学生也要积累两三年的经验才能妥善处理，许振超凭中学文化学力学习这门技术，看起来希望渺茫。然而，他偏偏不信邪。每天下班后，他拿着一些工具，模型，一些需要的电子元件一头钻进他的“工作室”——维修车间的一个小屋——开始钻研起来。结果，许振超用了整整 4 年时间一共倒推了 12 块电路模板,画了两尺多厚的电路图纸,终于攻克了技术难关。

几十年来,许振超领导的团队已经脱胎换骨,从以前普通的作业团队变成了今天的金牌团队,可是许振超还是那个许振超,纵使身上已经罩着很多光环,许振超依然谦虚地说:“取得这些成绩也是集体合作的结晶,仅凭我一个人,就是一身铁又能打几个钉?”

德国思想家韦伯说:“有的人之所以愿意为工作献身,是因为他们有了一种‘天职感’,他们相信自己所从事的工作是神圣事业的一部分,即使是再平凡的工作,也会从中获得某种人生价值。”

在职场上,但凡能够以公司为家,把工作当事业来做的人,都可以做得风生水起,成就非凡。其实,这些人并没有超越常人的智慧,他们只是怀着满腔热情去工作,在工作中迸发出无尽的热情和活力,潜能也得到了最大程度的挖掘,最后无论是金钱,地位,荣誉都会一一收获。那些满脑子算盘、斤斤计较得失的人永远都不会明白“欲求之,不得之;不求之,反得之”的道理。

2

工作态度决定你的职业高度

态度决定命运,这个观点已经被越来越多的人认同。对于职场人士来说,工作态度决定着职业高度。职业态度决定了我们在职场中的命运。

可以说,有什么样的工作态度就有什么样的职业人生。工作态度不同,在工作中的表现就不同,结果也就自然不同了。每个人都有自己的梦想和抱负,在职场中,每个人都希望能通过努力工作来实现自己的梦想和抱负,实现自己的人生价值。然而在现实世界里,达不到自己理想的职业高度了，梦想和抱负最终成为雾中花、水中月。

唐汝军和戴宁飞几乎是同一时间被一家新开的大型超市聘为经理助理的。两人对工作都非常勤奋认真，老板对他们俩赞赏有加。但是一年过后，唐汝军被提升为超市经理，而戴宁飞成了唐汝军的助理。为此，戴宁飞不仅心里很不服气，还非常不能理解。要说当初被录用时，他可是比唐汝军有优势，而且工作也不比唐汝军差，凭什么提拔唐汝军当经理，而不是自己？

戴宁飞越想越气，终于，在一天早上刚上班时，他就敲响了老板办公室的门。老板听完戴宁飞的牢骚和抱怨后，沉默了一会儿。说实话，戴宁飞在工作中确实很勤快，也很踏实，但是总感觉缺少了点什么，但是缺少什么呢？老板一下子也说不上来。就在这时，老板想起了由于运输问题，超市中的大白菜还没有到货，有不少顾客已经好几次没有买到大白菜了。于是他就对戴宁飞说："小戴，这个问题我们待会再谈吧。因为运输出了点问题，我们超市的大白菜已经断货好几天了。你先去附近的农贸市场看有没有大白菜，买点回来先应应急。"戴宁飞也认为应该先把工作上的事情做好再谈自己的事情，就离开老板办公室前往农贸市场了。

过了半个多小时，戴宁飞租了辆三轮车带回了一车大白菜。老板问他："多少钱一斤？买了多少？"戴宁飞高兴地说："5毛，买了300多斤。"老板的脸色沉了下来，说："这么贵，还买了这么多，我们怎么卖？"戴宁飞委屈地说："不是你让买些回来的吗？""我是叫你买些回来，但是你从头到尾都没有问过我价钱和数量。"老板看着戴宁飞，说："大白菜一直是搞特价的商品，这么高的进价，怎么卖呀？数量这么多，等到运输中的大白菜到货，也卖不完。"这下戴宁飞才说不出话来了，心中充满了懊悔。

这时唐汝军进门就说："陈总，土豆没有货了，大伙都满着急的，怎么办啊？"老板笑了笑说："土豆和白菜的情况一样啊，都是这几天下大雨造成的，得后天才能到货。要不你去看看附近的农贸市场有没有卖的吧。""这样啊，那我这就去。"唐汝军爽朗地答应着就去了。

过了十多分钟，唐汝军回来了："农贸市场有几家卖土豆的，就这家的品相还比较好，价格也最低。我拿了几个回来，您看看怎么样。共有两百多斤，那位老农答应如果全要的话2毛5一斤给我们。我把他领来了，就在外面等着。”老板看了看站在旁边的戴宁飞，然后对唐汝军说：“你看着办吧，另外你把给我们运输土豆和大白菜的司机电话记一下，以后这种紧急情况你就着手处理，不用请示我了。”“好的。”唐汝军拿出手机，认真地将两个运输司机的电话记下后，就出去找那位老农去了。

戴宁飞看着唐汝军的表现，十分尴尬，他知道自己的确存在某些欠缺。戴宁飞带着歉意对老板说：“谢谢您给我上的这一课。我明白了。”还没等老板说话，他就走出了老板的办公室。一个礼拜后，他向老板递交了辞职报告。

五年后，戴宁飞成为了一家小型连锁超市的经理。有一天，他随手买了一份报纸，头版新闻是：“某某大型连锁超即将上市，公司总经理唐汝军将在明天召开新闻发布会……”戴宁飞一下子陷入了沉思。后来他在参加一场由国内知名企业管理咨询人士主办的“工作态度决定职业高度”的培训课时，终于明白了这其中的道理。

虽然，戴宁飞也勤奋、努力地工作，但是与唐汝军始终有差距，这其中的道理不言而喻，是工作态度决定了他的职业高度。相信这个故事会让很多人受到启发，如果你还在职场徘徊不前，还在工作中难以干出成绩。那么，请谨记：良好的工作态度可以助你一臂之力。

事实证明，工作态度决定了职业高度。一个人在职场能达到一定的高度，绝不是随意就能做到的，他一定有着不同寻常之处，就像案例中的唐汝军和戴宁飞，工作态度不一样，职业高度自然就不一样了。

3 好高骛远只会让你越干越差

在实际工作中，好高骛远只会让你越干越差。现代社会，生活节奏越来越快，人们也越来越容易心浮气躁，在工作中很容易犯眼高手低的毛病，结果不仅工作达不到预期的效果，还对自己的发展造成了不良的影响。

作为一名员工，如果不能正确地认识自己的工作能力，不能在企业中摆正自己所处的位置，这山望着那山高，一心急于求成，只会让结果适得其反。在时下的企业中以下现象普遍存在：有的员工初入职场以为自己在学校学到了一身本领，终于可以在工作中大展拳脚了，于是目空一切，对企业挑三拣四；有的员工觉得自己才高八斗，总是没有遇到识千里马的伯乐，总觉得所干的工作太屈才；还有的员工有点工作经验和能力，就自认为了不起，应该得到升职……这样的员工耽误的是自己的前途和“钱”途，在不切实际、过高过远地追求工作目标时，他们错过了很多发展机会和机遇。

胡明峰从技术学院毕业后，到人才市场找工作。一开始去应聘商场的电路维修工时，招聘经理说，如果表现出色，三个月后会转成正式职工，工资会由试用期的2000元增加到3000元，还享受相应的公司福利。胡明峰觉得商场里的电路并不难，而且也不可能总是坏掉，自己肯定能胜任，想到工资待遇还不错，工作也不会太累，他非常高兴。可是刚刚干了一个星期，他就被分配到三家分店更换老化的供电线路，有的时候店里催得急，常常会说些不中听的话，甚至经常要晚上加班到十点多中才能全部更换完毕。累了一个星期，胡明峰就觉得特别委屈，本来薪水就不高，还要这样加班加点地干活，一天天累得不像样子，还要听别人的数落。胡明峰越想心里越委屈，于是开始怠慢工作，造成三家分店迟迟不能正常经营，最后商场解聘了他。

胡明峰重新回到人才市场之后，他决定不再干所学的技术工作了。“都是一样的工作时间，为什么有的人赚那么多钱，我反而每个月拿那么点工资呢？”带着多赚钱的想法，胡明峰开始做保险推销员。但是，他既没有这方面的经验，而且缺乏一定的客户资源，虽然每天拜访很多客户，却总是没有机会成交。在他再次准备跳槽的时候，一位前辈说，做这个行业最重要就是积累，要坚持住才能积累有效的客户，才能有业绩收入。胡明峰听取了前辈的建议，又努力了三个月，可惜，他依然没有谈成一笔生意，所以也没有收入，最后这份工作只能是无疾而终了。

就这样胡明峰半年多时间都是在跳槽中度过的，眼看着同学都一个个工作稳定，收入也不错了，他的心里开始着急了。有一天，他在街上转悠，遇到了技术学院的一个校友林文斌。俩人聊了一下彼此的情况，林文斌知道他的情况后说：“明峰啊，你学的是机电专业，干的就是技术活，吃的就是技术饭。像你这种性格，不适合做业务啊。你的机电专业学得那么好，不用多可惜啊。你呀就别好高骛远，这山看着那山高了，我们公司机电自动化部门正好要招一个技术员，与你的专业很对口，你赶紧明天带着你的简历来应聘吧。”

听了林文斌的话，胡明峰开始反思自己这两段不太成功的工作经历，他已经清楚什么适合自己的了。第二天，胡明峰顺利地被那家机电公司录用了。他从此不再不切实际地乱想，而是脚踏实地干工作，在工作中不怕苦不累，三年后，他成为了该公司机电自动化部门的项目经理。

职场中像胡明峰这样的人不在少数，如果他不听取校友林文斌的劝告，一味地追求工资的多少，一味地图轻松多拿钱，他就不可能成为后来的项目经理，在职场上有自己的事业前景。好高骛远，是职场人士谋求发展的主要阻碍之一，这种人总是“打一枪换一个地方”，看起来很忙碌，实际上是一事无成。

从胡明峰的故事，我们可以看到当一个好高骛远、眼高手低时，是不可能干好工作的。无论你是初入公司的新员工，还是有一定工作经验和能力的熟练工，都应该脚踏实地。

4

干好工作：三分靠才华，七分靠实干

在职场，经常会有这种现象：你认为没有什么才华的人却能一直获得晋升，你认为有才华的人反而总是成绩平平，在工作中没有什么建树，很难得到晋升。究其原因，往往是因为有才华的人恃才傲物，疏忽了自己的工作职责，太看重自己的优势，反而在工作中频频出错；而资质平平的人更容易踏踏实实地工作，把智慧都用来解决工作中的实际问题，更容易跟企业契合，更容易获得老板的青睐。这说明：要干好工作，还得三分靠才华，七分靠实干。

每个人都在憧憬着自己获得成功的那天，可是往往有的人会觉得自己有头脑，有能力，有时间，只需要等待一个机会就会凤凰涅槃，一飞冲天。可事实上，我们很少见到这样的成功者，反而是这些梦想家在时间的催促中一点点老去，终身没有实现自己的理想。其实，一个人的才华，可以帮助其更快一些取得成就，但并不是成功唯一的前提。即使有才华，如果不踏踏实实地干工作，把你的才华用到工作中，是很难干好工作的。

梁志民是来自山东的一名25岁务工者，他是汽车维修公司的一名普通员工，虽然他来到公司不到半年，却获得了公司技术大赛的冠军奖，一下子成了公司上下的“红人”。

公司和梁宗国一样从事技术工作的有两百多人，其中一个叫徐斌的小伙子，比梁志民早来到公司，是公司里技术最好的一名员工，十分有才华，深得老板的器重。梁志民刚上班时，老板让徐斌帮助梁志民熟悉工作程序，别看梁志民比他年纪大些，平时梁志民总是左一个“徐师傅”右一个“徐师傅”地叫徐斌，而且很真诚地把徐斌当师傅一样对待。徐斌自恃有才，看梁志民忠厚老实，心里很瞧不起梁志民，于是，在技术指导上常常心不在焉，有时梁志民问他相关问题，他也打着官腔，爱理不理的样子。梁志民并不介意徐斌的做法，而是常常利用业余时间自己钻研。当公司宣布要举办技术比赛时，梁志民心里甚是兴奋，这既是锻炼自己的机会，同时也是向所有同事展示自己的时刻，于是接到通知之后，梁志民立刻就把报名表交上去了。

为了能在比赛中有出色的表现，梁志民平时一有时间就去找相关的资料研究，车间里如果有闲置的机器，他也会抓住机会赶紧进行操练。在比赛前的一个月里，梁志民几乎天天在看书，夜夜在操练，同事们觉得他的技术水平已经足够过关了，可是他还不满足，一定要做到丝毫不差，做到最好。与此同时，徐斌却是信心满满，他自信无论怎样比赛，自己都是技术最好的那一个，所以平时书也不看，也不去熟悉比赛的流程。

比赛那天，梁志民第一个出场。他小心翼翼地组装好一个底盘，修好了一个电路和一个有故障的发动机。梁志民觉得操作还算熟练，可是如果后面的同事能够用更快的速度完成修理，他的成绩就会被超越了。一个多小时过去了，后面陆续出场的选手不是忘记修理步骤，就是用时过长，连一向自信满满的徐斌也因为少上了一个零件而被扣分。梁志民理所当然地成为本次比赛的第一名。

所谓勤能补拙，就是说，即使你没有过人的聪明才智，通过后天的勤奋，后天的努力，一样可以达到聪明者达到的水平。从故事中我们看到，徐斌原本作为公司技术最好的员工，凭他的能力完全可以赢得这场技术比赛，可是他自恃才高，没有更进一步地提高自己的能力，骄傲自满，导致最后被梁志民这样的后起之秀超越。梁志民原本并没有技术背景，也没有徐斌的才华，他完全是靠着自己刻苦努力的学习和钻研，熟练地掌握汽车修理的技术，凭实力赢得比赛的冠军，得到了认可。

松下公司偏爱雇用具有七成能力但具有十分实干精神的人，而不会选择业内最优秀的员工。他们认为，这样的人做事更认真，更谦虚，对公司更忠诚。与其说干好工作需要一个人的才华，不如说干好工作更需要一个人的实干。一个被才华的光环笼罩的人，常常锋芒毕露，在更强调团队合作的现代社会，有才华但没有实干的人注定要被束之高阁，而踏实肯干的人却会赢得更多的机会。三分才华，七分实干，讲的就是这个道理。

5 学历不等于能力

早几年，盛行“学历是块敲门砖”这样的话，但对于新时代的职场人士来说，学历已经不再是“敲门砖”。“文凭论”的时代已经过去，当今世界是以实干能力为主流的时代，学历已经不能简单与能力画等号。学历在这个时代更多体现的是一个人的综合素养之一。每年毕业的成千上万的大中院校学生都不得不面对这个现实，必须在实际工作中脚踏实地地干好工作，以增强自身的工作能力为己责，才不会被职场淘汰。

当下企业在招聘新员工时，已经不仅仅只看文凭，更重要的是看其履历表上的工作经历，在进行面试考核时，也已经不仅仅考理论，更注重考核实际操作能力。作为一名优秀的员工，在拥有学历的同时，必须要更注重锻炼自己的工作能力，把工作当事业干，才有可能在企业、在工作岗位上表现优秀，取得成功。

某家科技公司近日来了两个新员工，一个是只有大专学历的周锦丽，一个是研究生吴生强。他们俩刚好被分配在产品分子实验部门上班，主要是从事产品分子研究和分子测试工作。公司决定将吴生强作为重点人才来培养，为吴生强购买了其指定的某牌子某型号的笔记本电脑，还允许其上班时间可以上网，并为其提供公寓住所等待遇。周锦丽虽然有好几年这方面的工作经验，但没有享受到这些待遇，因为按公司的规定，她只有大专文凭，只能按试用员工的待遇对待。

但是在工作中，两人的表现却大不相同。吴生强上班的第一时间就是打开笔记本电脑，上网浏览新闻或娱乐信息，有时还要玩一些游戏，他还大量卖弄在学校学到的理论，他不仅没能将理论合理转化到实际中，而且还生搬硬套地将理论用于工作实践，结果把其他人早已熟悉的工作模式都打乱了。对部门经理交代的工作，大部分都让周锦丽做，不懂的也不问，明明是自己做坏的实验或出错的测试，也让周锦丽承担责任。周锦丽对工作非常认真负责，在工作中很少出错。对于吴生强做不了的工作，她总是主动热情地帮忙，虽然吴生强并不感谢她，还经常嘲笑她。

有一次，吴生强在做一个重要产品的分子实验时，实验设备发出了异常声响，但他并没有在意。在做另一个产品测试的周锦丽在清理器具时，听到了吴生强实验的设备有异常声音，她赶快让吴生强停止实验，向经理汇报情况，因为她知道这个产品是公司近期将要推的新产品里的主打产品，要求十分严格。但是吴生强并没有听取周锦丽的劝告坚持要做下去。结果使一百多万进口的实验设备出现故障，这个产品的样品分子也全部报废。吴生强这才吓坏了，知道自己闯了大祸，一下子呆在那里了。周锦丽赶忙关掉设备电源，拿起容器小心地收集残留的样品分子。这时，部门经理走了进来，说在在隔壁办公室听到了声响，问是怎么回事。一看吴生强的样子，他知道出了大问题，再看坏掉的设备和洒出来的样品分子溶液，又气又急，因为这个产品的分子实验和测试成功后，一个月后就要面市，但是现在不仅不能如期面市，而且直接造成的经济损失将达百万之多，如何向总部交代？

周锦丽见状轻声地对部门经理说，这个设备她原来操作过，她可以把原公司的德国工程师请过来修理，并且她已经收集了残留的样品分子，已经够实验需要的分量了。部门经理听了周锦丽的话，如同黑夜的路人找到了光明，他让周锦丽负责所有的后继工作，并责令吴生强停职检讨。

后来周锦丽顺利地完成了这个产品的实验和测试工作，产品也如期面市。不到三个月，周锦丽就转为了正式员工，并享受了公司提供的特别待遇，而吴生强则被公司辞退了。

吴强凭借高学历获得了人力资源部的青睐，可惜他眼高手低，不仅不能够虚心学习，还无法迅速地转换思维，将在校所学转化为实践应用。结果，实习期未满，他就被技术主管炒掉了。而周丽，从一开始就表现出积极主动的工作态度，并且一直坚持到三个月后转正，终于用实际行动证明了自己的能力。她能够更踏实地工作，将自己的才能和工作有效地结合到一起，不仅有利于企业的发展，同时有利于自身的成长。

一位智者说过："一个中等智力水平的人，只要踏踏实实，坚持不懈，也要比反复无常、浅尝辄止的天才更值得尊敬与赞扬。"即使有名校背景，即使有过人才干，如果不锻炼自己的能力，发挥自己的才华，最终也会一事无成。

有一位刚毕业的博士生，是一家研究所成立以来聘用的第一位博士，所以他自恃学历高，对周围同事态度傲慢。有一天，他去研究所旁边的池塘钓鱼，正好碰见两个是本科生的前辈也在钓鱼。博士生觉得跟他们没什么好聊的，于是径自找了个地方坐下来了。坐了一会儿，天色却渐渐阴了下来，接着下起雨来，两位前辈收拾好东西，从池塘的水面上嗖嗖嗖就走到对面的亭子里面避雨去了，博士生收拾着东西，看到这样的场面，有点傻眼。他没带雨伞，也想像两位前辈一样到对面的亭子里面避雨。他心里虽然满是疑问，可是碍于自己是个博士生的面子，不好意思开口问。于是看着水面，几步助跑，准备漂到对面去。哪知道，刚刚迈出去一步，整个人就栽进池塘里了。两位前辈好奇地问他："这下着雨，你怎么还往池塘里跳啊？"博士生不好意思地说明原因，两位前辈相视一笑："其实，这池塘里有两排木桩，我们平时都在那上面走，只是因为这几天下雨，木桩都淹没在水面下了。"博士生顿时懊恼不已，若不是自己自视甚高，傲慢无礼，也不会闹这样的笑话了。

这个故事说明了学历不代表能力，文凭也不代表水平。其实，在遍地都是高学历人士的当今社会，其中真正靠高学历有所成就的又有几人？有些企业也会定向到一些高校去招聘员工，然而，人所公认的学历真的能够成为衡量人才的唯一标杆吗？文凭可能在你开始职业生涯的时候给你一个机会，但是人生道路漫长，真正推动你向更高、更远处发展的终究是你的能力。

这是个对人才的要求越来越高的社会，企业对人才的综合素质要求也越来越高。如果你以为自己学历高就可以孤傲清高，就可以不好好干工作，势必会在职场付出代价。

6

能干不是终点，干好才是目标

一个工作，可能有很多员工能够胜任，但不是所有胜任工作的员工都能把这项工作，干得出色。能干只是前提，干好才是终极目标。

然而作为一名优秀员工，在勤奋工作的同时，还应该尽力将每一件事都做得尽善尽美。有很多的员工，在工作中表现得很能干，但结果却不尽如人意。究其原因，其虽然看起来很能干，但要么工作质量不过关，要么工作效率低。长此以往，不仅白白浪费时间，还让领导看不到“功劳”。

或许老板不会详细了解你每天都在做什么，也不会追究每一项工作的细节，但是他希望看到完美的结果。一个有经验的企业管理者非常清楚普通员工与优秀员工之间的差别：普通员工永远只会把工作当做任务，就像老牛拉破车一样，越拉越累，优秀员工在尽力完成工人任务的同时，还会用心把工作做好，用成绩来证实自己。

华丰煤矿顶峰热电公司的员工续立国，凭借成绩赢得领导

的认可，获得了公司颁发的“最佳员工”的称号。他的信念很简单，就是努力工作，每次都把工作做到最好。

续立国初中毕业后进入技校学习电气专业。毕业后，进入华丰电厂，跟着师傅进一步学习电气知识，同时将他在学校学到的理论运用到实践中。他每天都要到现场去观摩学习，即使不是当班，也要在旁边看别人是怎样工作的。随着电厂的生产逐渐步入正轨，续立国也在实践中积累了丰富的电气检修知识，半年后，他被任命为电气检修班的副班长。

他给同事们留下这样的印象：从来都不害怕设备出现故障。越是难修理的故障，他的干劲儿越足，并且有一股子不把故障原因查明誓不罢休的倔强。有一次，运行人员启动反料风机的时候，却发现反料风机的 DCS 无法显示，以至于员工无法工作。续立国接到故障通知后，把可能的原因进行了排查，首先怀疑 DCS 接口出现断裂，可能是控制线路的故障，经过检测并不是 DCS 接口的问题，续立国又开始按照电缆断线开始检修。电缆的检修需要走到夹层内部查找，当时正值盛夏，夹层内是高温而低矮的空间，续立国小心地将电缆线一一分开，经过一番耐心查找，终于在电缆线中间找到了故障点。随后续立国请同事帮忙办理停电手续，他用最快的速度修好了电缆中断裂点，使得反料机能够正常运作。

续立国每次谈起他在检修组的优秀事迹时，都很平淡地说：“这些工作都不值得一提，电厂里的很多员工做的都是这样工作的，我只是比较幸运的一个，能够在副班长这个职位上帮助更多同事，给公司及时解决更多的问题。”当问起他的人生目标时，他总是谦虚地说：“我就是一个普通人，并没有特别远大的人生目标。就是保持平常心，每天踏踏实实地工作，干好我的本职工作。”续立国凭借认真的工作态度和出色的工作成绩赢得了同事们的赞赏。

作为企业的一名员工，应该以续立国为榜样，在能胜任工作的同时，还必须把干好工作作为最高目标。有一句大家都熟悉的广告词是这样说“没有最好，只有更好”，其实运用到职场，就是告诉我们：能干不是终点，干好才是目标，我们应该在工作中不断追求更好。

人们总是向往更美好的生活，也总是在追求更高的目标。把工作当事业做，是企业和员工之间的心灵契约之一。我们的美好生活来自于把工作干好，干出高水平，干出好效果，干出一流的业绩。努力、勤奋、坚持，我们都可以做到，那么，为什么不让这一切的付出最终有个圆满的结果呢？

“要做就做到最好”是一种神奇的信念，它不仅会改变员工的个人命运，也可以改变一个部门，一个公司的命运。如果我们都能用这样的标准来要求自己，抱着追求完美的心态快乐工作，对我们来说，美好的未来，幸福的生活也将不再遥远！

第三章

一流的沟通能力，让你干出一流的业绩

出色的职场人士都有一个共识：不管个人的工作能力多强，不能有效地与同事沟通，不能与同事和谐相处，是职场发展的最大障碍之一。具备一流沟通能力的员工，能在工作中获得更多的理解、支持和认可，工作起来往往事半功倍，更容易创造出优异的工作成绩。

1 干好工作从用“心”沟通开始

心理学家们研究发现:一个人在经过一段时间的交谈后,能够给人留下深刻印象的,往往不是说谈话的内容,而是交谈过程中表现出来的态度、表情和沟通风格。当你与人沟通时,只是就事说事,但是当态度傲慢,盛气凌人时,即使你说的话非常正确,最后也只会给人留下不良的印象,还会事与愿违。而当你用心与人沟通,以真诚的态度对待他人时,则会起到事半功倍的办事效果。

著名的翻译家傅雷先生曾说过:“有了真诚,才会有虚心,有了虚心,才肯丢开自己去了解别人,才能放下虚伪的自尊心去了解自己。”真诚的态度不仅能够帮你获得伙伴或是合作者的信任,同时也可以避免很多不必要的矛盾,化解偏见和误解,从而促进工作的顺利进行。

十几年前,马云的事业刚刚起步的时候,公司的资金一直都很紧张,常常遇到周转不开的情况。有一次,眼看着员工发工资的日子要到了,可是资金紧张,没法给所有人结算薪水。会计报过账之后,建议他先拖欠几天,“都是老员工了,晚几天发也无妨。”可是马云觉得不能对员工言而无信,于是直言不讳地将公司的资金状况告知员工。本来他已经做好了听取各种抱怨的心理准备,没想到听他这样说之后,员工们都特别理解。有个员工跟他说,“就凭你这话,我们三个月拿不到薪水也要跟您干”。

从创业开始到现在的阿里巴巴集团,马云一直凭借真诚的态度对待公司的每一位员工。正是由于马云的这份真诚,阿里

巴巴团队成为一个忠于企业，并富有战斗力的团队，每一个员工都对马云的真诚相待心怀感激，积极地为公司创造更多的财富。

可以说成功的沟通在马云的事业中起到了举足轻重的作用。他的创业故事告诉我们：干好工作从用“心”沟通开始。一名善于沟通的员工，一个真诚沟通的团队，是成就事业的最强力量。无论是作为企业的一名员工，还是作为企业的管理者，都应该在工作中重视沟通，懂得沟通。因为，一流的沟通能力，将让你干出一流的业绩。

在现实工作中，埋头苦干的员工很多，他们很会干活，但是因为不会沟通，经常会让自己的努力付出变成无用功，会因为自己不善于沟通而烦恼不已。那么如何能做到一方面可以充分理解对方的谈话意图，一方面又能做到让对方领悟你的谈话意图呢？

(1)换位思考，表达真诚

在工作中，双方的沟通达不成预期的目标，甚至相互争执、相互抱怨，主要原因之一就是缺乏换位思考的心态。换位思考是很多人早已烂熟的概念，但是每个人都会在思考问题时首先考虑自己的立场和观点，而不是先设身处地地为对方着想。比如说，老板问你这个月公司的业绩如何，你从月初第一天开始的业绩情况说起，一直说到月末，中间还要渲染一下业绩的起伏跌宕。其实，纵使你滔滔不绝报告了半天，老板只是要听这个月的业绩结果是多少，他要的可能只是一个数字或是一个简短的报告。所以说，有的时候，认真可以把事情做对，但是用心才能把事情做好。

(2)感情接纳，求同存异

如上文所提到，沟通能够对人产生影响的，沟通内容只占很小的一部分，更重要的是沟通中所表达的情感内容。有这么一个小故事：在一个铁门上挂着一把铁锁，有人想要把它打开，于是就拿来了一根铁棒去撬锁，可是那人费力九牛二虎之力也没能把锁打开。过一会儿，又来一人，他拿来了一把重锤，在铁锁上狠狠地砸，可是那锁依旧纹丝不动。又过了一会儿，第三个人拿来了一个小小的钥匙，只见他将钥匙插到锁孔里轻轻一捅，咔的一声锁就打开了。等人群散去后，铁棒和铁锤都问那钥匙：“为什么我俩这样强壮有力，却都打不开锁呢？而你轻轻一下就打开了呢？”钥匙回答说：“因为我最懂它的心啊。”沟通中的真诚表达，不一定要说多少华丽的辞藻，或是讲多么深刻的道理，只要能引起共鸣，就建立了两边的情感连接。继而在寻求解决分歧的办法时，拥有良好的铺垫，不至于闹起争执来。

最真诚的沟通是用“心”沟通，干好工作需要我们用“心”沟通。用“心”沟通，可以更有效地解决工作中出现的问题，更好地融入团队，获得同事的支持和帮助。如果你还在因为不懂沟通而苦恼，那么不妨试一试上述方法，在与领导、同事的沟通过程中做一个有“心”人，相信一定能收到很好的效果。

2

不懂装懂的人永远无法有效沟通

有人曾提出“半杯水”论：每个人的心里都装着一个杯子，当你认为自己杯子里的水是满的时，你将无法装下别人添加给你的水，因此，也无法获得更多的知识、经验，你的才能也无法得到更多的提升。只有当你认为自己杯子里的水永远是半杯时，你才能装下别人添加给你的水，才能获得更多的成长。这是个浅显的比喻，事实上也说明了不懂装懂的人很难进步，因为他在与人沟通时，很难接受别人的建议，听取别人的意见。

尤其是在工作中，经常会遇到一些不懂装懂的员工，有的明明不知道工作如何才能完成，为了表现自己，偏要逞强说有这方面的工作经验，抢在同事前面将项目拿到手里；有的则是压根没听明白领导交代的工作，对工作只是一知半解，因为害怕被别人笑话，还要坚持说：没问题，我懂了。结果，不是把工作做得一塌糊涂，还有可能造成非常严重的后果。在工作中这样“死要面子活受罪”的事情屡见不鲜，而事实也逐渐证明，不懂装懂的人无法真正领会别人的真正意图，自然也无法进行有效的沟通，也就很难做出业绩。

从前，有一个北方商人到南方去做生意。初来乍到，很多东西都不懂，但是这人有一毛病，就是太好面子，处处都要显出自己很有文化，又有见识的样子。

一次，当地的一个商人想与这个北方商人做生意，于是请他到茶楼谈谈。生意上的事情谈得很顺畅，两个人也很投缘。过了几天，南方商人带着仆人给北方商人送去一篮子菱角，南方商人说这是刚采摘回来的，请北方商人尝一尝。这位好面子的北方商人从未见过菱角，可是又不肯开口问人家，于是拿起一只菱角，直接放到了嘴里。

南方商人看到商人这一举动，很是诧异，于是问他，"这菱角是要剥了皮才能吃的，你怎么连皮一起放进嘴里呀？"

北方商人明知道自己错了，可是死要面子，只好将错就错。于是他一本正经地说，"我最近正好有些燥热上火，吃皮可以去去火。"

南方商人很是好奇，"我们吃了这么多年，从来不知道菱角皮可以去火，看来你家里也种很多吧？"

北方商人回答道，"是很多啊，我们家乡，山前山后长的都是这个东西。"

正说着，突然只听北方商人捂住嘴一声惨叫，嘴里满是鲜血，南方商人赶快命仆人去叫郎中。这时屋子里的人都忍不住偷笑起来，北方商人的样子十分狼狈。待到南方商人详细地跟他介绍了菱角的生活习性，商人才知道，原来自己因为不懂装懂不仅闹了大笑话，还吃了苦头。

这则小故事，是对现实中喜欢不懂装懂的人的一个写照。在现实生活和工作中，这样的人和事是很常见的。我们应该吸取这样的教训，在日常生活中养成不懂就问的好习惯，也就不会造成沟通难的局面。尤其是在工作中，自以为是的态度，不仅会给人留下不良的印象，还会造成不良后果。

不懂装懂是一个人不自信的表现，说明其虚荣心太强，他不知道在极力维护自尊心和面子的时候，正是自己丢脸的时候。作为企业的一名员工，我们应该十分清楚有效的沟通是多么重要，不懂装懂很容易造成工作失误，这些失误会让我们的业绩大打折扣。

孔子云："知之为知之，不知为不知，是知也。"意思是：知道就是知道，不知道就是不知道，这就是聪明的态度。聪明的职场人士都知道需要有"半杯水"心态，让沟通更有效，才能让你的业绩不打折扣。

3

良好的沟通从懂得赞美开始

良好的沟通从懂得赞美开始，赞美是一种力量，因为赞美会在某个时刻对身边的伙伴起到极大的鼓舞作用。赞美不同于恭维，赞美可以让别人感受到他的真诚。在一个人意志消沉，萎靡不振时，在一个人取得成绩，受到表彰时，在一个人与你有矛盾，难以沟通时，适时恰当的赞美，会驱散他心中的阴云，重新充满力量，会让他信心倍增，从内心感激你的认可，会让他与你冰释前嫌，从此建立良好的关系。

每个人都需要得到赞美，每个人都渴望获得掌声和欢呼。俗话说："良言一句三冬暖，恶语伤人六月寒。"在与人沟通中，一句真诚的赞美会让人如沐春风，内心充满温暖。对他人由衷的赞美，既是一种良好修养的体现，能促进双方的沟通，达到良好的沟通效果。

有一位老人到银行去办理业务，可是他去的时候人很多，大家都挤在大堂里排队等候。在等候的过程中，老人发现窗口的办公职员心情很糟糕，可能是每天需要办理繁重的业务让他很不耐烦，也可能他碰到了什么不开心的事。于是，老人静静地观察着那个小伙子，想要一会儿跟他说点什么。

等到轮到老人办理业务的时候，小伙子还是一副很不情愿的样子，老人没有放在心上，而是对小伙子说："你的发型跟我年

轻时一样，我很喜欢。”那个小伙子听到老人的话，诧异了一下，有点不好意思地说：“没有以前好看了，我都没什么时间打理！”老人对他说：“的确是有点毛糙，不过只要稍加修饰，还是会很帅气的。”

两人一边闲话着头发的话题，一边把业务办完了。老人临走之前，又看了看窗口里仍在忙碌的小伙子，他已经面带笑容地开始办理一个新客户的业务了。不过，与之前不同的是，他整个人看起来精神焕发，不再冷言冷语地敷衍客户了。

职场的激烈竞争，繁琐的工作，生活的打击，等等，会让我们变得浮躁起来，会让我们难以用平常心对待工作，平和地对待他，更不用说说特意去赞美别人了。其实，人与人之间的沟通，要想获得别人的真诚，首先就要敞开自己的心扉，让别人相信你的真诚。而在沟通中适当赞美，正是可以迅速促进双方关系的一大法宝。适度的赞美能在最短的时间内让沟通的双方产生亲近感，不仅让你成为受欢迎的人，更为顺畅的人际沟通打好基础。

在日常工作中，有很多员工表示干好工作没问题，但是要沟通感觉像上天一样难。其实，良好的沟通从懂得赞美开始。或许有些员工会说：“天啊，我是个实实在在的人，让我赞美别人，这太难啦，几乎说不出口。”很多人把赞美与恭维混为了一谈，才会误把赞美看做是“拍马屁”。作为新时代的员工，我们应该在实实在在地干工作的同时，还应该学会懂得赞美，让自己成为沟通高手，在工作中创下一流的业绩。

那么该如何赞美呢？

要找到对方感到骄傲的事情。比如，写作的当然希望别人称赞自己文章写得好，做生意的当然希望别人认为自己精明能干，做管理的都希望别人称赞他将企业管理得井井有条，做员工的希望同事称赞他把工作做得尽善尽美等等。基本上从事的行业，所处的职位和当前的心理状态就可以决定一个人的心理需求，可以将这个作为切入点，适当地加以发挥。但是，沟通中最忌讳自我吹嘘，更不能在赞美别人的同时，借机抬高自己。否则，就会给人拿对方比较的印象，让对方从心底产生反感。

美国总统罗斯福，因为右脚有残疾，不能使用普通的汽车，于是一家汽车公司特意为总统生产了一款汽车。这辆车非常方便，只要按一下按钮，汽车就可以开动。当时，汽车的设计者钱柏林亲自将车送到白宫。

罗斯福总统对这个神奇的汽车的制造着赞誉有加，不仅当着他的朋友和同事的面夸奖他，而且对钱柏林说“非常感谢你花费时间和精力开发这款车型，这是一件很了不起的事情。”与此同时，罗斯福总统还和同事一起仔细研究了特制车灯，特制后视镜以及特制的散热器，等等，总统对汽车每个细节的赞美，让钱柏林信心倍增，不仅肯定了自己的工作，更激励他向更多尖端的科技发起挑战的决心。

不过，赞美别人也要掌握技巧和分寸，不能赞美过头而显得做作，更不能用力过度让对方觉得是“拍马屁”。一般情况下，赞美别人觉得骄傲的事是一个万全之策。每个人都有或大或小的虚荣心，在工作交涉，或是日常沟通中，能够适当地满足对方的虚荣心，为对方创造愉快的心境，面对需要解决的问题，对方也更容易听取你的建议，让事情按照预定方向发展。

因为一句赞美而改变他人一生的例子不胜枚举。在沟通中赞美别人，不仅是建立健康和谐人际关系的基础，更是发展职场事业的重要技能之一。赞美别人，既不是廉价的吹捧，也不是包藏祸心的精神贿赂，而是发自内心的欣赏和感动，其间蕴含着尊重、理解和支持。当你养成赞美他人的习惯，就会发现生活中更美好的东西，也会在人际交往中给别人更多理解、温暖和关爱。

4 与人沟通必须保持一颗宽容的心

我们都会想到这样的场面：很费力地去沟通，但结果吃力不讨好。这样

在沟通过程中就会产生不良情绪，心里也会不舒服，严重地影响沟通效果，给工作带来不良后果。在时下职场流行“逆鳞”说法，意思是说我们在交流时，之所以称会出现障碍，是因为主要是我们的思维，知识，人生观及工作方法的不同，造成一件事有两种理解，而这两种理解无法令双方达成共识，就像逆着摸鳞片一样。那么，为了软化“鳞片”，让矛盾得到缓解，不对工作造成影响，避免恶化与对方的关系，就需要一颗宽容的心。

刘景周是一名创业者，一次，通过自己的努力拉来了一名投资人王总。双方约定在当月 20 号见面，这次见面很重要，刘景周为这次见面做足了准备工作，以期在见面时不出现任何疏漏，顺利赢得王总的投资。在 20 号那天，王总没有准时到，迟到了半个多小时，但是刘景周并没有介意。刘景周向王总提交了自己的创业计划书，并积极主动地对每一项计划做详细的说明，还热情地向王先生介绍自己的公司，以及可行性方案带来的市场前景。可是，王总的表现让刘景周很不安，一个简单的问题他要解释很多遍，并且他尽量让自己的语言更加通俗，解释更到位，但效果仍然不好，王总始终表现得无精打采，漫不经心，好像没有太多热情。刘景周以为王总身体欠佳，或是对这个项目根本不感兴趣，所以多次提出让王总休息一会或改天再谈，但是王总表示不用，让他说完。刘景周虽然感到尴尬，但是脸上一直保持微笑，语速保持平缓，讲完了自己想说的话。本来，刘景周以为投资的事会泡汤，不想没几天，刘景周接到了王总的电话，而且给出了一些修改计划书的意见，让刘景周修改后快点回传给他。原来，20 号见面那天，王总刚刚参加完一个宴会，还没来得及休息，就匆忙赶去与刘景周见面，所以，王总到刘景周的公司时，已感到很疲惫，无法保持良好的沟通状态，但是刘景周不仅没有生闷气，没有不耐烦，还一直保持热情的态度，细致地讲解计划细节，并十分关心他的身体，给王总留下了好印象。回去后，王总仔细地看了刘景周的计划书，并回想刘景周在沟通过程的表现，于是，他决定向刘景周的公司投资五百万。能得到王总的投资，让刘景周大感意外，他没有想到，自己用一颗宽容的心换来了公司发展的资金。

其实想想道理很简单,我们的失误或者缺点,一般是自己难以启齿的地方,一旦表露出来,心中都会害怕对方因此影响对自己看法,如果对方视而不见,完全没有放在心上。我们除了感激,当然愿意继续交往,还可能是深层次的。相反,如果小题大做,甚至得理不饶人,那么,只会让对方反感,结局只能是被孤立,最终被淘汰。

如果说冲动是魔鬼的话,那么宽容是天使。因为宽容,可以抚平情绪的波动,让我们在在与人沟通时能以平静的心态对待,冷静处理沟通中的突发事件。相信,很多人都这样的体会:无论是生活中的沟通,还是工作中的沟通,常常会因为意见的不同而产生争执,如果控制不好,就会引发争吵,让事情的变得一发而不可收拾。而这时,宽容是最好的良药,在紧急关头,把事情的发展拉回良好的开端。

在一次家电展销会上,谭晓兰是第一次作为某著名电器品牌的展销员。第一次参加这样的一个大会,谭晓兰心中充满忐忑,不过,自己毕竟也是名老员工了,知识经验还是有的,所以,在展销会期间,谭晓兰处理事情表现得还是很得体的。但是,在展销会即将结束的时候,展台来了一位老人家,谭晓兰赶忙迎上去,微笑说道:“您要看什么吗?”不料,老人说的是浓重的方言,谭晓兰问了好几遍,根本听不懂。到后来,老人不但不回答了,反倒问谭晓兰,谭晓兰根本听不懂,更不用说回答了,现场出现了两个人各说各的局面。时间一秒秒地过去,谭晓兰终于失去了耐心,不耐烦地撇下老人,气呼呼地走开了。展销会结束后,谭晓兰被经理狠狠地批评了一顿,本来要调到市场部任经理助理的事也不了了之了。事后,她才知道,展销会上那个说方言的老人是当地一家压缩机公司的老总,他公司生产的压缩机不但质量好,而且价格比现有用的这家压缩机公司的压缩机要便宜得多。公司有意与这家公司合作开发节能低碳的环保型新产品。但是这位老总挑选合作对象从不看表面冠冕堂皇的东西,喜欢一个人深入基层,去看看合作的这家公司如何。谭晓兰的表现让他很失望,他没有选择谭晓兰所在的公司,转而选择了谭晓兰所在公司的竞争对手。

每一位员工都代表着公司的形象,是公司的“活名片”,能不能给客户

留下良好的第一印象，决定着合作能否持续进行。其实，谭晓兰如果能宽容一些，让当地的同事过来帮忙，就不会造成如此严重的后果了。宽他人之心，他人必宽己之过。因此，无论是与同事沟通，还是与客户沟通都必须保持一颗宽容的心。

宽容是每位员工最好的名片，怀着一颗宽容之心工作，不仅会做出一流的业绩，还会让你成长为职场精英。快节奏的生活让我们身心疲惫，容易烦躁。其实，我们的心是无限大的，让烦躁充斥的只是很小的一部分，我们要做的，只是在心中开辟一片宽容之地。

5 必须尊重你的沟通对象

在与别人交流沟通的过程中，不论对方的身份，地位，年龄，性格是怎样的，我们都要一视同仁。人与人之间有区别，而心与心之间永远平等，既然你需要对方和你进行最坦诚交流，那么也将心比心，把自己和别人放在同等的位置上，学会换位思考。尊重是一种礼貌，是支撑沟通桥梁的基石。我们带着尊重去和别人沟通，必定也会得别人的认可和尊重。

小朱是省电视台记者，在省电视台中，小朱是记者中采访成功率最高的。成功者都有诀窍，小朱也不例外。

小朱一直做情感类节目，情感类节目的采访对象大多是底层普通百姓，记者往往一举手一投足，甚至是一句不经意的话，都会深深影响采访对象的情绪和采访效果，而且也会影响到采访对象对记者所代表的媒体的看法。小朱深知这一点，在小朱采访过的人中，有失足少女，有出轨的丈夫，有红杏出墙的妻子，有不肖子孙。他们中许多人做的事情违背道德，这让采访记者很容易先入为主地产生厌恶和指责的情绪。在采访时，语气就会不由自主的掺杂个人感情。小朱是这么想的：这些人在采访前一定备受压力，他们很可能已经遭受过周围人的唾骂。我们要做得并不是落井下石，而是给予他们最需要的尊严，让他们的内心感到温暖，毕竟，人性本善，放低姿态，耐心沟通，没有你采访不了的人。小朱就是通过这样一次次的平等对话，成为了省台里最出色的记者之一。

每个人都愿意和无私的人交往，给人尊严便是最大的无私。日常生活中，我们很容易对事业有成或者品质优秀的人产生尊重的感觉，但是，对于看似有缺点或者错误的，甚至是地位、学识不如我们的人们，我们更要尊敬。尊敬不分贵贱，更何况谁也不知那块云彩有雨，每个人的潜力都是相当巨大的。本田总裁伊藤孝绅曾说：我从不小看任何一个身边的人，说不定，他就是我的老师。戴着有色眼镜看人，非但不会给自己带来良好的人脉，还会落得“孤家寡人”的下场。

在一家销售公司年终评定会上，周晓宇被评为企业优秀员工。面对这份荣誉，他当之无愧。周晓宇在过去的一年里，工作勤勤恳恳，与同事之间关系相处融洽，与上司之间也是相当和谐，并且在工作之余积极为企业献言献策。在同事和上司的赞誉声中，周晓宇有些自满了。毕竟有上百人的公司里，被评为优秀员工并不件容易的事情。转过年来，周晓宇的同事发现周晓宇跟年前不太一样了：说话声音生硬了许多，并且同事之间的探讨他总有一股盛气凌人的感觉，一遇见领导，便“和蔼”了许多。

在完成一项销售任务的过程中，周晓宇有一些数据不太会整理，他赶忙去问身边的同事，没想到，身边的同事都推说不会，会计处的小王挖苦他说：“你去找领导啊，说不定他会。”周晓宇刚开始以为他们是在嫉妒，便赌气一个人做这些数据，等费尽千辛万苦做出来，市场又变了，数据失效。周晓宇一气之下去找了经理反映情况，经理对他说：“小周，自从你当上优秀员工后，你变了很多，变得骄傲和难以让人接近了，同事们都反映在一起探讨时，你总是扮演成一个老师的角色，对大家说教。你和大家都一样，都是普通员工。在与同事接触中，如果你不尊重大家，大

家也会放弃你，不会帮助你，没有大家帮助，你就是再厉害，能独自应对所有的问题吗？”周晓宇听完这番话，陷入沉思当中。

尊重，是人际关系的黏合剂。它常常与真诚、谦虚、宽容、赞赏、善良、友爱相得益彰，与虚伪、狂妄、苛刻、嘲讽、势利水火不容。给成功者以尊重，表明了自己对成功的敬佩、赞美和追求；给失败者以尊重，表明了自己对别人失败后的同情、安慰和鼓励。懂得尊重的人，才能在成功后继续奋进，也会在失败后东山再起。

尊重你的沟通对象，是一种高尚品质。我们每个人所从事的职业只有分工的不同。从这个意义上说，我们没有理由也没有资格用不屑一顾的态度去轻视他人、嘲笑他人。真正的尊重，应是一种对他人不卑不亢、不仰不俯的平等对待，同时也是一种对他人人格与价值的充分肯定。一个真正懂得尊重他人的人，必然会以平等的心态、平常的心情去面对所有人，不论他是幸运抑或不幸运、成功还是不成功。

在韩国某公司，曾发生了一起特大抢劫案，公司里的主要资金，技术资料都被洗劫一空。没想到，这些劫匪被一名清洁工“搅了好事”，这名清洁工和劫匪斗智斗勇，最终，拖延了时间，警察将他们一网打尽。许多人不理解：一名清洁工，拿着公司里最低的工资，犯得上去冒生命危险与劫匪对抗吗？这名清洁工说出了自己的理由：公司董事长每次见到他的时候都非常有礼貌，都会对他说“你擦的地很干净”，并且对公司后勤上的问题，也会询问他的意见，这让他感觉到自己受到尊重和重视。

说了这么多，要做到尊重你的沟通对象，应该先具备以下四种素质：

(1)友爱。不把别人看做对手或敌人。将公司看成家庭，把每个人看做家里人，善待身边每个人。

(2)谦虚。三人行必有我师，不轻视每一个人，要明白：每个人身上都有自己学习的地方。身份或者地位不代表能力，可口可乐公司前总裁道格拉斯·达夫说：“有时候，仇人都有我学习的地方。”真正优秀的员工除了拥有过硬的技能之外，还能够虚心地学习他人的长处。

(3)谨慎。有时候我们与别人沟通不成功，并不是我们有意冒犯对方，只是与别人理解问题的角度或者不恰当的沟通方式让别人产生误解。因此在与人沟通的时候，要避免一些可能会引起对方误解的词语，比如，见到同事肥胖，交流时就避免出现“猪”“怀孕”等词语，因为伤害就像钉钉子,不论是哪种伤害,总会给别人的心底里留下疤痕。

(4)不吹捧。我们一定要注意,尊重与吹捧是两回事,我们有时候,会为了某些目的,去过度的尊重某一个人,但是,过度尊重是建立在剥夺了其他人的尊重的基础上,也就是吹捧。

人是群居动物,历史无数次证明:人无法在孤独中生活下去。当我们需要和周围的人交流沟通时,放下身段,降低姿态,用你的尊重换取别人的真诚,人际关系会越来越和谐。

第四章
近乎完美的执行，产生近乎完美的结果

员工对待工作，通常会有两种截然不同的态度：一种努力挑战困难，完美执行工作；另一种是避重就轻，永远逃避责任。当然，前者的路越走越宽，走向成功；而后者的路则是越走越窄，走向平庸。

1

执行到位，才能干得出色

在工作中，即使你拥有宏大的目标，完美的工作方案，如果没有强有力的执行能力，最终也不过是纸上谈兵。执行到位，是一个公司对全体员工的工作要求，要求员工对于本职工作，不找任何理由，做到最好。执行到位，同时也是员工自身提升职业素养的要求，在普通的岗位上干得出色的同时，才能得到更多的机会，掌握更广泛的资源，为自己的事业打下坚实的基础。

《细节决定成败》一书中写道："我们不缺少雄韬伟略的战略家，缺少的是精益求精的执行者；绝不缺少各类管理规章制度，缺少的是规章条款不折不扣的执行"。员工在工作中，不要总是在思考公司给了你什么，或是将来你可以从公司得到什么，事实上员工应该先要考虑你能够为公司做些什么。在工作中不折不扣地执行公司命令，你的付出总会有所回报。当你能够专注于自己的工作，把心思集中在如何快速、高效地完成工作时，你的工作自然而然地就会干得出色了。

肖文萍是一个商场柜台的普通售货员，在没有任何背景的前提下，经过了自己的努力，做到了商场的总经理助理。伴随着商场的不断发展和扩张，她的事业也在实现着一个又一个飞跃。

当她还是一个售货员的时候，她在商场负责的是羽绒服的销售。那个时候，由于商场刚刚开业，人员流动性也很大，因此到了羽绒服销售旺季的时候，她一个人又要理货，又要接待顾客，有时候因经理一句话，她还要到库房帮忙搬货。不过，她的

态度很好，只要接到任务，马上行动，没有半点怨言，没有半分犹豫。肖文萍这样努力干了一个冬天，结果她负责的柜台是整层楼业绩最好的，不仅获得“商场十佳销售员”的称号，因为出色的执行力，她还被升任为服装部助理，负责协助经理管理服装部的事宜。

经过两年的服装部的工作，在公司开始筹备新商场的时候，肖文萍顺风顺水地被任命为服装商城的经理。不过，职位升迁的同时，责任也更大，工作更辛苦。因为新的商场服装柜台占据了两层楼，公司要求所有的柜台要引进国内外的一线品牌，以符合公司发展中高端商场的要求。对于肖文萍来说，在商场内部解决顾客的问题她是得心应手，可是，出了商场，面对各个厂商的管理者，她还真是没有经验。老板给她一个月时间，完成招商的任务，更是令她倍感压力巨大。

不过，肖文萍依旧是一个急性子，接到公司指令的第二天，她就出差去找厂商谈判了。对进驻商场有兴趣的厂家，她就一点点讲解店面的布局，商场定位以及经营品类等，并且及时解答商家提出的问题。对于有疑问的商家，一次一次地去拜访，提供最优惠的招商条件，并带领商家的老总到现场考察。功夫不负有心人，老板规定的“一个月时间招商十五家”的任务，肖文萍仅仅用了二十四天就完成了任务。经过肖文萍的不懈努力，在商场开张当天，经她引进的一百多家一线品牌全部到位。经过一年多的经营，这一百多个品牌已经成为商场的经营支柱。

经过多年的实战经验，肖文萍明白一个团队的执行力强有多么重要，因此每次遇到困难都是她身先士卒，给团队的员工做榜样。即使再困难的目标，都要用最快的速度，做出最好的成绩。如今，肖文萍不仅熟悉了服装经营这个行业，更练就了高超的谈判技巧，不论面对多么苛刻的厂商，她都可以用最快的速度甄别对方的需求，进而完成自己的工作。一位知名厂商的老总曾这样对肖文萍说：“企业的稳步发展非常需要中间层的忠诚履职，你就是一个完美的执行者。”在商场工作十五年后，她升任商场的总经理助理，工作内容从单纯地接触服装经营过渡到对商

场业务的全面管理，她的职场生涯也因高效的执行能力越来越美好。

世界上根本没有十全十美的人，每个人的成功都是通过日积月累的努力来实现的。在超越平庸，追求完美的路上，就需要员工不找任何借口，不搪塞，不推脱，培养完美的执行能力。执行是员工生存和发展的基础，高效执行更是员工最重要的竞争优势，只要拥有正确的工作态度，才能在领导交代工作时，大声地说："保证完成任务。"切忌在领导布置任务的时候，假装听得很认真，看上去全明白，但实际上却没有真正搞明白要做什么，然后就开始执行，这样工作的结果必然会出现偏差或者打折扣。

对于每一个员工来说，只有在认真而及时地完成好每一件小事的前提下，才能干好工作，才能做大事，把大事做好。执行到位，单单拥有踏实肯干的态度还不够，更要注意工作中的细节，养成严谨，细致的工作作风，以精益求精的态度，不找任何借口地干好各项工作。执行到位里面有这样两个关键词"持之以恒和注重细节"。

(1)持之以恒。工作是一个漫长的过程，坚持做好每一件事的态度是执行到位的前提。比如说，坚持三年中每一天都不迟到；面对每一个客户都面带微笑；严格按照工作流程工作，按时完成任务，绝不延误，等等。从身边的触手可及的事开始执行，坚持一致的态度来完成工作，自然工作就会干出成绩了。

(2)注重细节。工作没有大小，能够把简单的事做到极致就是不简单。细微之处见精神，细节就像巨著中的一个篇章，虽然短小，但是可牵一发而动全身。然而，在现实生活中，想做大事的人太多，但愿意把小事做细的人又太少。所谓成功就是在平凡中做出不平凡的事情。对待工作需要认真的态度。

2

执行力取决于你的工作干劲

在MBA课程中，员工的执行力之所以被专家和老师多次强调，有两方面的原因：一是企业生产经营管理的最终目的是以结果为导向的，员工没有执行力，就不会收获好的结果。二是执行力在企业生产经营管理过程中实行的难度非常大，从而影响到企业方方面面的进展，因此，执行力对于现代企业来说起着举足轻重的作用。近乎完美的执行力，会让员工的工作也干得近乎完美。对于员工来说，有效的执行力就是用行动实现工作目标的能力，对于企业来说，则是将企业目的一点点付诸实现的能力。资深的企业管理学家曾经提出过“三分战略，七分执行”的口号，足以证明执行在企业的生产经营活动中的重要地位。

很多企业有过这样的教训，手里有一个宏伟的规划，一旦实现规划对于企业发展可以说起着极其重要的作用，但是企业上下没有执行力，结果只能收获失败的下场。对于企业中的员工也是一样，纵使你对人生，对于未来有着多么美好的设想，对于职业的发展有着多么完善的规划，如果员工欠缺执行力的话，到最后一切都是徒劳。相反，若能在工作中保持高效的执行能力，出色地完成工作任务，面对工作你会更加动力十足，干劲十足，从而形成一个良性的循环，为自己在职场的发展打下坚实的基础。

郭维建是一名从事烹饪教育十几年的专业教师，同时作为海南商业学校的一名骨干教师，在工作中践行着高度执行的理念，在职业教育这个行业中做出了属于自己的一番事业。

十年前，食品烹饪专业毕业的郭维建从杭州来到了海南的一所商业学校，开始从事烹饪课程的授课工作。刚来到学校的时候，学生总共有八百人，操场是一片荒地，学校的办公设备，教学设备或是教师配备都很落后，有那么一段时间，郭维建的情绪很是低落，不仅曾经怀疑自己的选择，也曾经为自己的未来感到迷茫。

当时，在他的专业上课的学生只有六十几个，连内地同类职业学校、相同专业的十分之一都不到。郭维建也曾经犹豫过，可是见到那么多求知若渴的学生，他下了决心要留在这里，为这所学校做些自己能做的事。说干就干，因为学校的教学设备不足，他就带着学生到周围的饭店去打工，用半天的免费服务换取下午教学练习的时间。他还组织其他专业的师生一起动手建设校园。偌大的荒草校园，由郭维建带领同学修理平整。学校还出资购进了草坪和树木，将原本荒漠一般的操场修整一新，扩宽了师生活动的空间。看到学生们在操场上活动时快乐的身影，郭维建的动力更足了，他决定要全面地解决学生面对的困难，为学生们提供更多的方便。

因为学校的名声不大，毕业生的就业问题一直是困扰学校和学生的问题。郭维建得知这样的问题后，就亲自到当地的各个饭店为学生寻求机会，刚开始，饭店的老板都很不屑郭维建这样的做法。“一个老师你不好好当，到处推销自己的学生，像什么样子?”郭维建的领导这样批评他。可是，郭维建的做法的确帮助毕业生解决了就业问题，很多饭店愿意提供实习的机会，有的小规模的饭店则是直接跟郭老师要优秀的毕业生。十几年过去了，经过郭老师的不断努力，现在毕业的学生再也不用通过他挨家挨户地上门拜访才能获得工作机会了，当地的很多大型饭店和学校签订了用工合同，到学生毕业的时候，饭店会直接到学校招人。

随着政府对职业教育的进一步扶持，郭维建所在的学校也得到了很多实惠。不仅师资水平有所提高，学校的教学设备和学生的住宿条件也得到改善。“我本来打算送走这一届学生就回老家去，可是现在我想退休后依然留在这里。”郭维建这样说。

故事中的郭维建老师，通过高效的执行能力不仅保证了工作的顺利进行，还为学校赢得了声誉以及用工单位的合作机会，为学生们找到了出路。同时，他在不断克服困难的过程中，让自己越来越离不开这份工作，

对工作越来越充满感情和干劲，工作为他的人生创造了最大的价值和回报。在现实工作，像郭维建老师这样的工作者很多，他们以积极热情的心态，坚持高效执行工作任务，在工作中表现出极大的干劲，工作的困难对他们来说不再是困难，而是乐趣。

执行力取决于你的工作干劲，作为企业的一优秀员工，如果缺少执行力，就不可能干好工作。积极主动地干好自己的本职工作，努力提高自己的执行能力，促进各项工作的顺利完成，保持对工作有持久的干劲儿和激情，才能不断在工作中体现自己的价值。

3 细节不到位，绝对干不好

还记得胡适先生笔下的那个“差不多先生”吗？“差不多先生”最常说的话就是：“凡事只要差不多，就好了。何必太精明呢？”于是他从小到大都是糊里糊涂地过日子，妈妈叫他买红糖，他买了白糖回来，还说：“白糖和红糖不是差不多吗？”；记账的时候把十写成千，别人过来纠正的时候，他也说：“十和千不是差不多吗？”；直到他快要断气的时候，还在说：“生和死都差不多，凡事只要差不多就好，何必那么认真呢？”《差不多先生》是胡适为讽刺当时社会上做事情不认真的人而写的。然而，“差不多先生”并不是只有民智未开的封建社会存在，即使在当今社会，也存在很多做事情不注重细节，不追求精准的“差不多先生”。

在高速发展的社会中，无论是企业之间，还是个人之间的竞争压力都非常大，如果你还是抱着差不多的想法工作：组装机器的时候少装一个零件；明明应该拧上八个螺丝，你偏偏只拧上去七个；明明可以做到百分之百合格，却总是安慰自己说百分之九十八也很好了……无论遇到大事小情,总是不耐烦地草草收场,告诉自己差不多就行了,这是万万不可行的做法。细节决定成败,细节做不到位的员工,总会在工作中出现这样那样的疏漏,不能完全保证工作质量,当然也无法取得优异的工作成绩。因此,细节做不到位的员工是绝对干不好工作的。

海尔作为国内的家电品牌,一直以来都致力于打开日本的家电市场,因为日本素有“家电王国”的称号,能够成功占领日本的市场,对于海尔来说,既是能力的考验,也是质量的认证。

当初,海尔的日本区经理去考察市场时,发现日本人对家用电器的要求达到了近乎苛刻的程度。比如说,洗衣机在工作时的噪音太大,日本的主妇就会将产品投诉为不合格产品;若是在家电开封时发现有部件没有摆放整齐,也会被退货。不过,海尔人没有因为这样苛刻的要求而退出日本市场,相反地,这些要求更激起了海尔人注重产品细节的思考。

海尔在日本的公司改进细节的第一步就是降低洗衣机的噪音。因为日本人居住的房屋都是木质的结构,所以房子对机器震动的反应比较大。于是,海尔在原有 70 分贝的基础上,降低到 55 分贝。但是,对于只有晚上才有时间洗衣服的上班族来说,这样的声音还是会吵到邻居。随后,海尔要求研发人员继续改进,最后将噪音又降低了十个分贝,相当于洗衣机工作的时候也可以达到图书馆的安静水平。因为海尔的洗衣机在噪音控制上取得了前所未有的突破,终于在日本市场占有了一席之地,获得用户的青睐,取得了良好的业绩。

随着商场竞争的加剧,顾客的要求也越来越细致,如果企业稍不注意产品的细节问题,就会白白流失大量的客户。但是,顾客的需求伴随着社会经济的发展而发生变化已经是必然的趋势,企业在如此严峻的现实中要想获得生存,就必须时刻满足顾客不断提高的需求,以获得企业在竞争中的优势地位。而这一切,都要从每一位工作人员严格对待工作的细节开始。

“天下难事,必成于易;天下大事,必作于细。”一个想要将事情做好的人,都应该从每一件事的细节入手,在工作中的每一个阶段,每一个环节都要力求做到最好,一丝不苟地把事情做到位。只有认认真真地从小事

做起，从事情的细微之处做起，注重工作中的每一个不起眼的细节，才能在平凡的岗位上做出不平凡的成绩，才能真正地把工作干好。

李文龙是一个对小事常常“斤斤计较”的人，他对周围环境特别敏感，生活中的细节更是逃不出他的眼睛。一次，他去一家大型外贸公司面试，等他拿到号码牌的时候，他忽然觉得希望不大，因为他是75号，就意味着排在前面的有74个人，而且在他后面陆陆续续地还进来了好多面试的人。

在忐忑的等待中，他见到电梯口旁边摆放的拖布和扫帚之类的清洁用品都倒在地上，显得特别凌乱，而且从电梯中出来的人很容易被绊倒。出于习惯，他就过来将拖布和扫帚收拾了一下，拿到了稍远一点，不会绊倒路人的地方。放好之后，李文龙继续回到座位上等着秘书小姐叫他的名字。

接下来的面试令他特别意外，在和面试官谈过专业背景和工作经历之后，面试过直接告诉他：“你已经被录取了，你可以选择下星期任何一个工作日到公司报到。”李文龙简直不敢相信自己的耳朵，他知道自己绝对不是这么多面试者中最优秀的，面试中他也没有多么光鲜的履历可以讲述，为什么能这么顺利被录取，这在他心里留了一个大大的问号。

面试官大概看出了他心中的疑惑，于是笑着对他说：“电梯旁的拖布和扫帚是我叫人放在那里的。”李文龙想起了面试之前的场景，恍然大悟。

虽然只是随手捡起了拖布这样的小事，却改变了李文龙的生活。其实，面试官之所以出这样的考题，就是认定大多数人都会觉得事不关己高高挂起，或是这样的小事根本不值得一做。可是，那些人也因为轻视身边这种细节的问题，却错过了进入一家大公司就业的机会。

可以说，无论是生活中，还是工作上，细节都是考验一个人做事态度的关键。每一件微不足道的小事，每一个看似琐碎的细微之处，都可能是暗藏玄机的机会。反过来说，一个拥有宏大理想的人，如果连细节都做不到位，又怎么可能做出大事业来呢？

4

领会上级意图，执行不会走样

在日常工作中，员工通常要按照领导的工作安排完成自己的工作，作为一个执行者，在执行工作任务时，领会上级的意图，明确领导安排的用意，才能确保执行不会走样。每一位领导都有自己的说话方式和办事风格：有的言简意赅，语言简练；有的人则比较细致，从头到尾向员工细致讲解；有的喜欢委婉地表述想法；有的则直来直去，有话就说。面对这些千差万别的上司，如果我们不能恰到好处地领会上级的意图，执行时就一定会出问题，这样不仅会把工作搞糟，还会让自己在职场的发展受阻。因此，作为一名员工必须要在工作中积累经验，多与上级进行沟通，才能很好地领会上级意图，执行就不会走样了。

一位优秀的职场人士最出色的表现就是善于在工作中积累经验，能根据上级的办事习惯将工作处理得尽善尽美。每一位领导都希望自己的下属能够准确地领会其意图，这样才有效地执行到位，干出近乎完美的结果。这样的员工才能高效完成工作任务，是推动企业发展的主力军。所以，作为员工，千万不要自己想当然地以为领会了上级的意图，一知半解地就开始埋头执行，一定要深刻理解了上级意图，不懂的要多听多问，这样才能领会上司的本意，执行起来才不会走样。

秦琴在一家画廊任行政助理，公司主要负责帮助一些画家举办画展还有媒体见面会等活动。一天，老板交代她到商场去买一套指定品牌的茶具，老板只说画廊马上要举办一位名画家的作品展，这算准备工作之一。

秦琴心里充满疑问：举办画展和买茶具有什么关系？难不成茶具也参加展览？带着心里的疑问，秦琴就去了商场，找到老板指定的品牌专柜后，柜台小姐却说这套茶具刚刚脱销，要一个星

期后才有补货。秦琴想，不过是一套茶具而已，这个品牌和那个品牌也没有多大差别，于是就到隔壁一家专柜买了一套类似的。

没过多久，画家带着助手来画廊谈举办画展的相关事宜，老板叫秦琴把她买回来的茶具拿出来。本来秦琴还在心里为自己完成了任务而窃喜呢，没想到下午就被老板叫到办公室训斥了一顿。

“我不是告诉过你买那个品牌的茶具吗？你看看你买的是什么东西？”老板生气地大声说。

“我去买的时候，您说的那个品牌刚好脱销，我看这两个牌子的茶具样式都差不多，怕您着急要，就买了另外一家的。”秦琴委屈道。

“脱销？脱销你可以告诉我，我会想办法的，谁叫你自作主张的——那套茶具是全国限量版，所以我才答应画家要作为送他的画展礼物，这事让你给搞砸了。”

听完老板的话，秦琴才意识到自己犯了多大的错误，心中懊悔不已。失信于客户是合作中的大忌，这次画展当然也就没能如期举行了，而秦琴也因此失去了这份她非常喜欢的工作。

事实上，如果秦琴如果深刻了解到这次画展的意义，就一定能弄明白这套茶具对这次画展的重要性了，就不会自以为是地买下冒牌茶具了，也一定会在听到专柜小姐说脱销时，及时告知老板，这样就避免了执行走样，也不会给老板和自己造成如此严重的后果了。

在现实工作中像秦琴这样的员工很多，总是在没有完全领会上级意图的情况下办错事，造成无法挽回的损失后，令自己懊悔不已。每一位员都希望能得到上级的重用，成企业的核心人才或骨干分子，每一位领导都希望自己的下属能完全明白自己的意图，将工作干得近乎完美，每一家企业都喜欢执行不走样的员工。

执行领会上级意图，不走样，是每一位职场人士在职场竞争中必须掌握的重要技巧之一。在此给各位职场人士以下建议：

(1)主动询问。在上司在交代任务时，最好是先认真倾听，完全领会的话要回应上司说，“好的，我明白了。”如果没能第一时间领会上司意图，就要立即说：“不好意思，刚刚说的地方我不太清楚，麻烦您详细说一下。”

委婉地、礼貌地表明自己的想法，这个时候千万不能为了面子，不好意思问。如果按自己理解的内容去执行，结果很可能是南辕北辙，离预期越来越远。

当弄清楚这项工作任务应尽的职责和细节，在执行过程发生意外情况或问题时，一定要及时向上级反映，不要自作主张地按自己的意图来执行。当对于工作有自己的想法时，也要先征询领导的意见，交流之后再进行下一步的工作，这样能少走很多弯路。

(2)细致观察。上级的想法、习惯大多能在日常工作中表现出来的。因此，在日常工作中，对领导的言行要仔细地观察，无论是刻意的交代，还是无意的嘱托都会流露出领导的真实意图，做到真正的听其言，观其行，才能让自己在工作的执行中不打折扣。

领会上级意图的过程，是一个在实际工作中不断摸索，不断积累，不断提高的过程。如果我们在工作中能主动询问、细致观察，长此以往，相信也不是难事了。懂得领会上级意图，执行就能做到近乎完美，工作当然也能干得更出色了。

优秀的员工都督促自己，逐渐养成一个良好的习惯，善于观察，善于思考，掌握和上司沟通工作过程中的很多细节问题。当你可以完全清楚上司的工作风格之后，自然就会顺利地掌握领导的真正意图，执行工作也会完美无瑕了。

5 因为懂得取舍，所以会执行

在工作和生活中，我们总会面临选择，作出选择就意味着我们需要舍弃一些东西。学会正确地做出选择，掌握取舍的学问，不仅能帮助我们走

出困境，也能减少时间和精力的浪费，提升我们的执行力。作为新时代的员工，无论在什么样的工作岗位，从事何种工作，都要从整体规划的角度来考虑问题，将工作按照轻重缓急进行取舍，坚持重要的时间做最重要的事情的原则，这样才能在有限的时间内，完成工作任务时取得最好的效果，取得卓越的成绩。

哲学家斯迈尔斯说过："失去了财富，可以辛勤地再赚；失去了知识，可以再学；健康则可以靠保养和药物来重新获得，但时间却是一去不返。"工作中，我们常常要在很短的时间内做很多的事情，但是任何工作都有主次之分，有些事情是十万火急的，有些事情则可以稍后处理，这样就要求我们学会取舍，将工作按照优先顺序排好，先做重要的事情，紧急的事情，然后再着手做次要的事情，使其能够满足不同的工作要求，达到同样好的效果。这样不仅合理地安排了时间，及时地处理了繁杂的工作，还会让自己的工作有条不紊，紧凑有致。

韩雪是一家公司的行政助理，她刚刚到公司没多久。她的工作职责是协调公司各个部门的工作，同时还需要负责办公室的一些日常工作，比如说负责办公用品的采购和维护、公司制度的传达和监督、外来人员的接待以及出差人员的机票和酒店预订等。

韩雪刚刚工作了两个星期，堆积如山的工作已经让她焦头烂额了。她每天一进入办公室，就会有各个部门的人来找她解决工作中的问题。

"助理，大会议室的空调坏了，赶紧叫人来修。"人力资源部的小张说。

"小韩，我下个星期去厦门，机票和酒店帮我定一下，谢啦。"销售部的许总嘱咐到。

"韩雪，这是物业费的清单，贴在门口，我帮你拿进来了。"同事王浩说。

…… ……

空调坏了，她马上去楼下找修理师傅，没走几步经理说要开会，又让她回来复印文件。刚刚忙完会议的事情，才想起来物业费还没有交。韩雪恨不得自己有三头六臂，有无数个分身，可以帮她分担一下繁琐的工作。

又两个星期过去了，每日堆积如山的工作已经让韩雪有些招架不住，不仅自己累得不像样子，有的时候还要看其他部门的白眼，工作不能及时完成时还要被经理训话。韩雪觉得自己不能这样下去了，于是她决心将每日繁重的工作进行分类，按照重要性不同依次来完成，以改观自己的工作状态。

碰到同事反应办公设备损坏，有同事出差需要预订机票和酒店，或是需要缴各种费用的时候，她会先到楼下通知修理工人一个小时去修理空调，然后去缴纳物业费，水电费等各种费用，下午的时候预定业务不会很忙，她可以到各部门收集一下信息，近两个星期内还有几位需要出差，统计清楚数目和目的地之后，她再统一预定。

几天下来，韩雪的工作任务并没有减少，可是她却觉得每天轻松了很多，既不用手忙脚乱地跑来跑去，中午还会有时间到休息室去喝杯咖啡，放松一下心情。工作对她来说，再也不是一件苦差，反而变成了一种享受。

职场上，像韩雪当初那样子工作的人不在少数，每日忙来忙去，貌似很辛苦，也很吃力，却常常费力不讨好。最终的原因就是他们没能将工作合理规划，在工作中不分主次，才使得执行总是跟不上工作要求。在工作中，有很多员工把不重要的事情放在第一时间完成，而紧急又重要的事情却不能及时完成，以这样被动的方式工作永远都无法取得好的工作成绩。

因此，在工作中千万不要让自己变成“万能达人”，应该像韩雪一样学会统筹，才会执行。如果你还在像韩雪之前一样分不清轻重和主次，忙得晕头转向，却干不出好结果。那么，不妨从现在开始，拒绝每天瞎忙，理顺手头的工作，做一个会执行的员工。

第五章

高效的工作方法，让你干出更高的绩效

绩效是管理员工的一种方式，是根据员工表现给予员工奖惩的依据。绩，是业绩；效，是效率。员工的工作方法往往决定了工作的业绩与效率，高效的工作方法是优秀员工创造高绩效的法宝。

1

忙到点子上，才能干出好成绩

人的一生中，大部分时间都在工作，工作不仅仅是生存的方式，更是体现人生价值的舞台。如果你想在工作上干出好成绩，让自己的生命更加有意义，那就要找到干好工作的方法，唯有这样，才能让自己的付出得到回报。

天底下没有一份工作是轻松的，想要在工作中干出好成绩，就要合理安排工作时间，忙到工作的点子上去，这样才能够取得事半功倍的效果。如果只是一味地埋头苦干，不注意方法，是很难把工作干得出色的。

进入职场的员工在工作伊始，就要明确奋斗的方向，当起点确定了，通往成功的道路就不会太过曲折。而员工想要在职场中获得很好的生存和发展，就要把工作忙到点子上，干出好成绩。因为成绩是企业衡量员工能力的标准，也是员工努力的成果。

每年十一月，沈阳的气温都会降至零下十度以下，雪花也伴随来之。每当这个时候，沈阳惠天热电公司第六分公司都会忙得焦头烂额。第六分公司新联线中心站站长关维国表示："供暖初期比较紧张，报修的用户特别多，员工工作很忙，几乎连轴转。我和弟兄们忙得饭都吃不到嘴里。"

原来，关维国所在的新联线中心站负责近3万户家庭供暖，由于离热源沈海热电厂有五六公里远，属于供热管网末端，且多是近20年的老旧小区，保温效果差，同时管道老化、故障多，维修难度也高，供暖压力大。但是，不管什么客观障碍，新联线中

心的工作人员都必须保障供暖家庭的室温达到18摄氏度。

在老旧小区，最常见的供暖问题就是“窝风”和“漏水”。窝风就是暖气片里空气多，拧开螺丝，把暖气片里的空气放出来就行。但是漏水处理起来就相对比较麻烦。2011年11月2日，供暖初期，六分公司新联线中心站发现供热系统严重失水。关维国带着职工挨个检查阀门，终于发现漏水点在75号换热站辖区的慧工街山东堡社区23号楼。

关维国带领职工们在楼外顺着管道风向，凿开一道1.2米深的地道，绕开楼的地基，拿着手电筒，费劲爬进不到1米高的地沟。由于是老旧小区，靠着下水管道和化粪池，不但有供热的漏水，还有化粪池渗透的污浊物。关维国憋着气，忍着异味，查找管线，排查漏点，第一次先把自来水管道的漏点堵住；出来休息一会，前行了几米，一直深入到楼体内部六七米远，才找到供热管道的漏点，实施紧急处理。

在抢修过程中，隔几分钟，外面的同事就要喊关国维几声。因为地道里面可能有一氧化碳、甲烷等有毒气体，怕出意外。经过几个小时的努力，漏水问题抢修成功，当附近的居民们看到40多岁的关维国从污浊不堪、狭小密闭的地沟里钻进钻出时，不禁感慨：“小关真不容易。”

也许有人会认为供暖公司的员工只是每年冬天忙碌那几个月，剩下的时间就很清闲，关维国说，实际情况并不是这样，夏天的工作量是现在的好几倍。冬天只是紧急应急抢修，查找好漏点，做好计划，夏天和秋天要做好维修，只有这样才算得上是合格的供暖人。为此，沈阳供热办党委书记姜华特别介绍：“供暖间隙要做好‘三修’，即楼号维修、管网维修和设备维修。夏天把功课做足，把活干到点子上，才能做到‘三声好’——初寒期，叫响第一声好；严寒期，叫响第二声好；末寒期，叫响第三声好；元旦春节，室温还要冒一冒。”

不管抢修暖气漏水问题也好，还是做好供暖间隙的维护也好，热电公司的工作者都会把活干到点子上，顺利解决工作中的各种问题。

的确，员工把工作忙到点子上，是提高工作效率的保障。我们知道，提高工作效率是需要勤奋工作来完成的，而优秀的员工懂得利用行动来证明自己的勤奋和能力。但是有很多人却误解了勤奋工作的含义，认为勤奋就是忙碌地工作。其实，这是对勤奋的误解，这样工作的方式是无法提高工作效率的。

美国时间管理之父阿兰·拉金曾说过："勤劳不一定有好报，要学会聪明地工作。"阿兰·拉金这句话的意思是告诉人们：一个人只靠忙碌并不一定能够取得好的结果，只有善于提高工作效率，把工作做到点子上，才能够做好工作。能够时刻忙于工作的要点，而不是"眉毛胡子一把抓"地乱忙。这样才能够成为工作和辛勤劳动的受益者。

在企业中，老板衡量一名员工工作效率的高低标准并不完全看他是否勤奋，而是看员工能否合理地安排时间，让工作忙碌到点子上，从而高效率地完成工作。因为老板重视的不是工作的过程，而是工作的结果。企业需要的不是整天忙碌的员工，而是能够把工作做到事半功倍的员工。

把工作忙到点子上，不是一味地蛮干，不讲究做事的方法技巧，不动脑子做事是很难把事情做出成绩的。对于优秀的员工们来说，想要成功，不仅需要勤奋付出，还需要智慧的指引，忙要忙到点子上。

员工要怎么做才能忙到点子上，干出好成绩呢？

首先，员工要用心工作，工作中的任何事情，都要用心做好，而不是只做领导明确要求他们做的事情。这样的话，可能员工工作很勤奋、很辛苦、很守纪律，但是他们不会把工作做得深入，也不会主动思考工作，更不会把工作做多一点或延伸一点，这样的话，很难有进步。所以员工想要把工作做到位，忙到点子上，就要用心工作，这样才能发现问题，找到解决问题的要点、关键。

其次，员工在工作过程中要勤于思考，抓住工作的重点，避免不经思考就忙于工作。工作中难免会遇到困难，这个时候员工要善于思考，总结经验，找出解决问题的方法和规律，这样才能够提高工作效率，取得好成绩。

最后，在员工把工作忙到点子上的过程中，遇到问题或者不懂的就要问。有不明白、不清楚的地方就要提出来，向上司或同事请教，这样才会不断地进步，从而把事情做得更完美。

2

善于激励自己才会干得更高效

激励是激发和鼓励的意思，在职场中，管理者在管理的过程中最常用的就是激励，激励员工更积极地做好工作，是任何企业在管理过程中不可或缺的环节。对于企业来说，有效的激励是企业发展的动力保证，是企业实现目标的有力武器。对于员工来说，不管是来自企业领导的激励，还是自我激励都可以提高工作的积极性，在工作中做事更有活力，办事效率更高。

在工作中，很多员工都会受到工作效率不高、工作表现不如预期好、人际关系不融洽等问题的困扰，这个时候倘若不会用正确的心态进行自我调节，很容易影响工作。而自我激励是解决工作倦怠，克服工作困难的高效方法。德国著名的人力资源开发专家斯普林格在《激励的神话》中表示："强烈的自我激励是成功的先决条件。"的确，对于员工而言，在职场中通过自我激励不仅可以提高工作的积极性，还可以提高工作的效率。

激励自己就是善于给自己成功的希望，适当的自我激励能够调动人的主观能动性，激发人的潜能。毕业于哈佛大学的著名心理学家威廉·詹姆斯表示：一个没有受过激励的人，仅能发挥其能力的20%～30%，而当他受到激励时，其能力可发挥至80%～90%，即一个人在通过充分的激励后，所发挥的作用相当于激励前的3至4倍。所以说，当一个人在其他条件都具备的情况下，善于自我激励，那他成功的几率就会很高。

工作如同逆水行舟，不进则退。特别是在竞争激烈的职场道路上，沿途既有迷人的风景，也有可能陷入艰难的处境；既有一帆风顺时的愉悦，也有陷入低谷时的迷惘。但是成功的人既能享受美景，也能坦然面对困难。喜欢体育比赛的人们应该会有这样的体会，当场下的观众掌声和欢呼声越激烈，年轻运动员的水平就会发挥得越充分、成绩也越出色。但是这是对刚刚上场比赛的年轻运动员而言的，那些久经沙场的老运动员是绝不会让外在因素影响自己的水平发挥的。相反的，越是处于困境，他们会越冷静，不断地激励自己克服困难。善于自我激励的人都是善于发现自己工作和生活价值的人，因为他们清楚地知道自己的价值所在，他们会激情澎湃地为之努力和奋斗。

郑小美是一家外企的文员，工作不是很累，薪水也可观，但是美中不足的是她的直属上司太善变。工作不到半年，郑小美觉得自己再也无法忍受上司的一天三变的工作安排了，这样导致郑小美的工作计划很混乱，影响了工作绩效却还要算在她身上。

由于是上司的安排，郑小美不能反驳，每当她忍不住反驳时，看到上司面色一沉，她准备好的话就卡在嗓子眼里，没有办法说出来。每当和上司站在一起，她都觉得自己矮了一大截，这个矮不仅仅是身高上的，而是对方居高临下的态度与自己唯唯诺诺的态度反差太大。

郑小美意识到，如果再不想办法改变现在这种被动的工作局面，那么她非但不能取得良好的工作业绩，就连这个看似优越的工作岗位也会失去。她反思了以往工作的过程，发觉问题的根源就在于，她和上司之间没有进行良好的沟通，致使上司不能充分了解她的工作计划与他的安排有所冲突。说到底，就是由于她在上司面前太过于保守和自卑，造成了自己目前的困境。于是，她将自己眼前的工作仔细分类并用PPT的形式直观演绎出来。做好了这项工作以后，她不断给自己打气，面对上司的时候一定要自信一点，胆大一点。如果不能突破这个障碍，那她以后的工作将会遇到更多的困难。

第二天，郑小美来到了上司的办公室，请上司给她一点时间汇报自己目前的工作安排，上司显然对她的到访很意外。因为在他看来，郑小美就是他手下的一只“应声虫”，平时让她干什么就干什么，很少发表自己的意见，因此，他并不看好这名属下，认为她以后不会有什么大出息。然而，他此时看到的郑小美却与

往日不同，只见她面露自信的微笑，侃侃而谈，举止投足间流露出优雅的气质。郑小美在经过上司允许以后，在投影仪上演示了她花了两个晚上做好的PPT文件，上司的神情由漫不经心到倾身细听，再到不停地点头。

经过这次交流，上司不但改变了以往对郑小美的看法，而且还有意识地留心考察她，在上司的心里，她早已经是自己得力的助手人选了。

遭遇工作中的瓶颈是每个职场员工都难以避免的事情，郑小美正是通过激励自己克服面对上司的自卑和被动心态走出了困境。其实，当我们遇到工作中的困难和挫折的时候，唯有自我激励的方式才是帮助我们战胜困难的最佳方式。

在职场中，每个人都有自己的追求，而想要成功就要选择正确的方法达成目标，在前往成功的道路上，自我激励是不可或缺的。员工在日常工作中，要如何自我激励呢？

(1)集中精神分析现状，解决问题

在工作的时候尽量避免自己陷入被动的局面中，遇到问题，要专注于寻找解决问题的方法。例如，你可以在电脑旁贴一个提醒自己的工作安排标签，时刻提醒自己改正工作中的不足，以免由于自身的缺点和错误方法让工作陷入困境。

(2)调动自己的情绪

善于自我激励的员工在工作期间要懂得适时提高自己的工作目标，让自己的精神状态处于积极亢奋的状态，这样员工才能正确地把握好自身的情绪，更好地投入到工作中。在这里，我们要重点强调的是激励自己要找出自身情绪高涨的时机，用高涨的情绪不断地激励自己前行。因为人往往在开心的时候更容易获得新的动力。

(3)树立远大的奋斗目标

在职场中几经磨难以后，很多员工会惊奇地发现，他们之所以没有达到目标，不是因为不努力，而是因为他们为自己设定的目标太小，而且不够清晰，这样自己就很难有动力为之奋斗。因此，如果想要尽快实现自己的梦想，就要树立一个远大的、明确的奋斗目标。

其实，培养自我激励的方法有很多，世间万物，千姿百态，人与人之间的性格爱好千差万别,每个人都能够在了解自己的基础上,找到适合自己的激励方法。最后要提醒大家的是,激励自己的关键是要把握当下,充分利用现有的资源,把握当下的时机。不沉溺于过去,也不幻想未来,而是着眼于当下,脚踏实地付出努力,收获成功。

3 别让精力浪费在次要问题上

员工的职责就是做好本职工作,优秀的员工就是能在此基础上快速、准确、高效地完成上司安排的任务。这是员工赢得领导青睐的最直接、最重要的途径。但是,一个人生活在社会中,每天会有很多事情需要处理,然而人的精力是有限的,事事都做得完美,是不可能的。这个时候,就应该把精力集中在重要和主要的事情上,而不是把精力浪费在次要问题上。这是人们过好生活的道理,同样也是员工干好工作的秘诀。

不把精力浪费在次要的问题上这是很多人都懂得的道理,但是做起来却并不容易。职场中,有很多员工过分贪心,想要把工作做到完美,就很容易在工作期间拘泥于次要的问题上而没有及时解决主要的问题,本末倒置。员工想要提高工作效率,干出更高的绩效就要先弄清楚什么事才是重要的,是要即刻解决的。

有的员工每天看起来都很忙,似乎总有做不完的工作。工作的时候一会做这个,一会忙那个,一天下来做好的事情没有几件。而有的员工在处理工作的时候,从容冷静,把注意力集中在重要的问题上,处理完重要的事再着手解决次要的问题,结果把每件事都做得非常出色。人的精力是有限的,无关的事情就不要投入精力,次要的事情就不要投入太多的精力,要把有限的精力投入到更有价值的事情中去,这样付出的精力才会有

丰厚的回报。

在工作中，埋头苦干、倾尽心力固然重要，但是面临着变幻莫测的环境，提高工作效率，取得更好的成绩更重要。在工作中，员工不能一味地埋头苦干，而是要讲究方法，对症下药，才能顺利解决问题。

刘长岩大学毕业之后，曾经豪情万丈地为自己规划了各种职业目标，可是几年过去了，他依旧一事无成，光工作就换了五六个了。满怀烦恼之际，刘长岩找到了自己大学的导师，无奈的诉说自己这几年的经历和现在的状况。

导师听完刘长岩的倾诉后，问道："你现在还想实现什么目标？"刘长岩说："我想成为一个金融分析师，我还想学习法国料理，哦，对了，我还想去酒吧做调酒师。"导师笑着说："你不觉得你的目标太多了吗？你的精力就那么多，怎么可能一下子全部实现？"

刘长岩听了导师的话，恍然大悟，原来这几年飘飘荡荡没有成功，是自己太过于贪心的原因。的确，人的精力有限，想要实现目标，就要专注于一件事情上，这样才不会事与愿违、一事无成。

当下是一个追求效率和业绩的时代，人们做任何事都要讲究效率和效益。但是高效的业绩是如何获得的呢？好的成就绝不是蛮干可以实现的，需要的是经验和方法。工作经验是人们在工作中一点一滴地累积起来的，而方法却是人们在工作中不断摸索出来的。企业中，老板都喜欢把工作当做事业来做的员工，喜欢优秀的下属，喜欢那些勤奋敬业，眼里有活的员工。眼里有活的员工和忙碌的员工并不是一个概念，两者之间有着本质上的差别。比如，许多员工每天都十分忙碌，但是工作效果并不理想。这是为什么呢？

主要的原因就是员工在日常工作中，没有把精力集中在主要的问题上，而是浪费了过多精力在次要的问题上。一旦工作分不清主次，找不到重点，就无法将重要的问题放在首位，这样一来，就很容易把自己想做的工作、上司交代的重要事情混在一起，被混乱困扰，忙得不可开交。这个时候，即便忙得昏天暗地也不会有较高的效率出来。

哈佛大学商学院每年只招收 750 名两年制的硕士研究生，30 名四年制的博士研究生和 2000 名各类在职的经理进行学习和培训。在教学中，老师们会经常给学生讲述一种很有效的做事方法——80 对 20 法则。即任何工作，如果按价值顺序排列，那么总价值的80%往往来源于20%的项目。

这个法则的意思就是：如果你把所有必须干的工作，按重要程度分为10项的话，那么你只要把其中最重要的两项干好，其余的八项工作也就能顺利完成了。员工在工作中，想要高效率地把手中的工作完成，就要抛开那些无足轻重的80%的工作，把自己的时间和精力全部集中到那最有价值的20%的工作上去。这样会给你带来意想不到的收获。

如果在工作中，员工能够学会并利用这个方法，先集中精力解决重要的问题，处理重要的事情。对于一些不重要的细枝末节，可以大胆地舍弃。要明白，科学的工作方法，适当地舍弃，能够帮助员工把事情做得更好。否则，做事不分轻重，没有缓急，就有可能错过发展的机会。

被美国《时代》杂志誉为“人类潜能的导师”的史蒂夫·柯维博士表示：“人类重要的任务就是把主要的事物放到重要的位置上。”的确，分清主次，集中精力处理重要的事情，而不把精力浪费在次要的问题上，这是人们提高工作效率，提升工作业绩最简捷有效的方法。

总之，如果员工想要在企业中出色，想要在事业上获得骄人的成就，就需要高效地完成上司交付给你的任务。只要你能够投入极大的工作热情，时刻做好准备，分清工作的主次，坚持把最重要的事情先做好，然后再处理次要的问题，让有限的精力创造出无限的价值，你就会成为一名优秀的员工，就会获得领导的赏识，就会实现自己的目标。

4 向高效能人士学习方法

如果想要成功，就必须付出努力，成功不仅需要勤奋付出，还讲究方

法。比如，员工在上司的指导下逐步成长，可以借鉴别人的经验和方法，可以向高效能人学习。

如果说站在巨人的肩膀上可以看得更高更远，那员工如果能向高效能人士学习，就会有很好的发展，就能干出更高的绩效。向高效能人士学习，可以更好地挖掘自身的潜能，提升自己的境界，更好地把握生命的轨迹。当前进的方向和方法一致，人们就能够在旅途中正确地面对挫折和机遇，养成良好的习惯，塑造卓越的能力，干出高效的业绩。

康睿宁是上海子信通信技术有限公司董事长。回顾康睿宁的创业之路，他的成功秘诀就是："主动培养自己的学习能力，是创业前不可或缺的准备工作。"

步入大学后的前两年，康睿宁埋头读书，为日后的成长打下了坚实的基础。他深刻的意识到英语和计算机是21世纪人才必须掌握的技术，所以大一那年他靠自学通过了大学英语六级和计算机相关课程考试，并直接参加学校免修考试，获得优异成绩。

为了进一步提升自己，大二的时候康睿宁搬出学校的集体宿舍，有选择、有针对性地进行学习。利用互联网康睿宁完成了网络学校的十几门企业管理课程，以及欧洲高级商学院全套MBA课程。康睿宁说："这些课程开阔了我的眼界，由此我接触到了国外先进的管理理念，也进一步提高了我的学习能力。"

2004年1月，康睿宁和5位同学在上海大学商学院陈宪院长指导下，参加了第四届"挑战杯"大学生创业大赛。凭借以往自学管理知识的基础，康睿宁带领同样没有专业经济管理知识的队友们快速地掌握了创业知识，并顺利进入决赛。在决赛现场，康睿宁这支"非专业"团队最终以第二名(金奖)打败其他兄弟院校学习MBA专业的队伍。

2010年7月康睿宁在一次偶然的机会下接触到VOIP(网络电话)产业。这是康睿宁之前从未接触过的领域，但是凭借优秀的学习能力康睿宁仅用两个月就完成了核心技术软件VoipSwitch的学习，很快，康睿宁又研发了"网信卫话项目"。为此，VoipSwitch软件代理、香港耀邦国际有关负责人称赞他是从未见过的“学得最快的客户”。此后，康睿宁常以“技术顾问”身份帮助耀邦国际调试新用户的软件交换系统。

学习的能力并不是与生俱来的，而是逐步培养的。康睿宁的学习方法就是员工们需要借鉴的高效能人士的学习方法。不管你所学的是什么专业，不管你的学术背景如何，只要能够耐心主动地培养出良好的学习能力，随时都有可能脱颖而出。

员工需要向高效能人士学习的方法有哪些呢？

(1)忠于自己的计划

很多人之所以失败是因为没有找对人生的方向，如果总是在人生道路上迷失方向，就会因为徘徊浪费了时间。而高效能人士他们懂得设计自己的未来，并且会认真规划自己的人生。目标是什么、想拥有什么、想做什么，要弄明白确保自己的行为与目标始终保持一致，不受其他因素影响。

(2)积极主动做事

积极主动的工作是员工干出好成绩的保证。员工要相信自己能够做好工作，能够掌握自己的命运。因为积极主动的人做事理性又有计划性，不会被周围的环境所干扰；积极主动的员工处理工作上的问题会遵循客观的规律、科学的方法；积极主动的人遇到问题，会先寻找解决的方法，出现错误会先从自身找原因。高效能人士就是如此，他们会主动为自己的行为和选择负责，以积极的态度应对外界环境和阻碍。

(3)有效的管理时间，分清主次

任何工作都要分清主次、缓急，哪些是重要的，哪些是次要的一定要分清楚。确定好这些之后，就要有效的管理时间，在重要的事情要花大部分的时间去解决，而次要的问题则是在完成重要的工作之后再处理。这样工作就会有计划、有目标地完成，在工作中要集中精力地处理当前的要务，就必须先摆脱次要事情的牵绊，要勇于说“不”。

(4)建立良好的人际关系

人们生活在社会之中，个人领域的成功并不算是真正的成功。要向高效能人士那样，建立良好的人际关系，这样才会顺利抵达成功的彼岸。企业里，员工可以通过他人的尊重、理解、信任、忠诚的等构建和谐美好的人际关系。把工作当做一个合作的舞台，而不是角斗场，企业的资源是大

家共用的，企业的利润是大家共享的，企业的价值的大家共同创造的。

(5)树立双赢的思维

不管在生活中，还在工作期间，人与人之间都需要相互帮助。树立双赢的思维模式，不是技巧，而是真实地表达出之间的情感，诚心地体谅他们的感受，设身处地站在双方的立场上思考问题。将双赢思维、换位沟通与统合综效原则整合，不仅可以化解阻力，甚至可以化阻力为助力，共同为企业创造财富。

除上述五点以外，向高效能人士学习的内容还包括换位思考的沟通和平衡的心态。员工在职场中，始终秉承诚信、利人利己的观念。当面对难关和挑战的时候，要有足够强大的内心承受，要有能力解决，适度地磨炼自己，提高自己学习、思考和创造的能力。

对于工作高效的员工并没有一个明确的标签，但是这样的人都有成功的综合素质和高效的学习方法。这样的人，到哪里都是人才，都会得到重用。向高效能人士的学习，无非是想员工总结成功者的经验，借鉴他们的特长，结合自己的实际，在企业中出色地表现自己，并能够团结同事，把集体的力量发挥到最大化。只要拥有宽大的胸怀，能接受不同的看法，遇到矛盾的时候能理解对方，努力寻找解决问题的方法，就能够提升自己工作的能力，让自己在工作中更加出色。

5 做一名出色的时间掌控者

员工想要干出更高的绩效，不仅要掌握高效的工作方法，还要做一名出色的时间掌控者。有效地掌握时间，管理时间并不是每个人都能做好的，因为时间管理不仅要有科学的安排，还要把精力最充沛的时间安排到最重要的工作上来。时间和灵感一样无影无形,支配时间需要捕捉到人们在什么时候处理事情最有效,然后再把无形的时间划分为几个段落,劳逸结合、有张有弛地支配它就好了。

有人说时间就是金钱,在职场中更是如此,因为每个人每天都只有二十四小时,相同的时间,人们做相同的工作,却会有不同的收获。原因就在于人们在单位时间内所创造的价值不一样。因此,提高单位时间内的价值就是员工掌控时间,提高工作效率的最佳途径。只是,提高单位时间的价值有哪些方法呢?

(1)员工要尽最大的努力在单位时间做更多的事情

这就是要求员工接到任务就要马上行动,不能拖延工作。努力做到今日事,今日毕。要在工作中,培养快速处理问题的节奏感,要控制完成一个任务的时间。最简单的方法就是做一个工作卡片,在卡片上第一栏标注一天需要完成的工作量,第二栏记录当天实际完成的工作量,这样等下班时间一到,你就可以清楚地知道自己是否按时完成了工作,就能发现自己在哪个环节中浪费了时间,以此来加强自己的时间感。此外,提高单位时间内的工作量,一定要把事情一次做好,不要留下缺陷和残余。否则等下次抽时间来解决,你会付出比第一次更多的时间。

(2)掌控时间者要在单位时间内处理好最重要的事情

优秀的员工之所以有较高的工作效率,是因为他们能够在单位时间内有效地处理好最重要的事情,要做到这一点就必须要分得清工作的轻重缓急。做到这一点很简单,首先正确地区分手中的工作哪个紧迫,哪个不紧迫。然后先处理紧迫的、重要的工作,等一个工作圆满做完以后,再着手处理下一个任务。以此类推,最终就能够轻松有效地准时完成工作。

员工利用这两个方法,相信可以合理地安排自己的工作日程了。只要员工在工作中,能够管理好工作的时间,让自己心情放松,思维敏捷,工作的效率自然会增加。

重庆西源凸轮轴有限公司的工段长谢怀德,在刚进入公司的时候,经常因为自己的技术不过关无法顺利完成工作。为此,领导安排他用厂里最陈旧的一台机床工作,不少同事在暗地里都嘲笑他“再怎么样技术也不可能提高”。谢怀德听到同事的议论,表面上假装没有听到,但是在心里他暗自发誓:“不超过你

们，我决不罢休！”

从此以后，谢怀德每天抓紧时间刻苦练习基本功。利用别人玩乐的时间钻研技术难题，努力抓住一切可以利用的时间。每天他都提前一小时上班，下班比别人晚走两个小时，经过争分夺秒的学习，三个月后，在工作总结上，他用全厂最差的机床完成了全厂最高的产量，成功地超过了那些嘲笑他的同事。

但是谢怀德并没有止步于眼前的成功，每次接到任务，他都合理安排好，先着手完成比较重要、时间紧迫的工作，然后再处理其他任务。经过一年的努力，他的技术突飞猛进，他所做的车削管螺纹绝技更让其他人望尘莫及。

2006 年，谢怀德荣获了全国技术能手的称号。谢怀德的成功正是因为他善于管理自己的时间，在工厂里，他是一个出色的时间掌控者。若非如此，他不会有时间苦练技术，超越同事，赢得辉煌的成就。

员工不管做什么工作，都要在规定的期限内完成，错过时机就不会有好的效果。任何人都有必要做一名出色的时间掌控者，不管是生活还是工作，都要合理分配、利用时间，时间是每个人最宝贵的资源，做好时间的掌控者就能够享受每天的生活和工作。

第六章

出色的创新能力，让你把工作干得更出色

具有创新精神的员工是推动企业发展的巨大动力源。能在工作中创新的员工，往往会脱颖而出，成为企业里最具价值的员工。员工在工作中充分地发挥自己的主观能动性和创造性，才能够把工作干得更加出色。

1

要想干得出色，就得主动创新

如果说员工出色的创新能力能够让自己更加出色，那员工的创新结果就能够给企业带来价值。一个企业的核心竞争力就是创新能力，通过创新企业才能领先于其他企业，才能够在竞争激烈的商场上立于不败之地。而企业要创新，必然需要创新性的人才，敬业、忠诚并不是出色员工的表现，唯有主动创新，才能获得出色的成绩。

在企业里当你埋头苦干、全身心地投入到工作中去的时候，你的同事也同样在努力工作。在企业里做到忠诚、勤奋、尽责是一名合格人才的基本条件，并算不上是一名优秀人才的条件，如果不思进取，安于现状，只是尽好本分，结果只能是在忙碌的工作中继续平庸下去，当工作缺乏积极性，就不会有进步，更不会有创新。所以，不管身在何处，都不能满足于现状，也不要有“我并不比别人差”的观念，眼光要看向远处，应该追求“我比别人强”。要培养自己的自信，树立自己的信念，坚信自己会比别人出色，能够创造奇迹。而想要干得出色，想要脱颖而出，就要敢于创新，主动创新，追求卓越。在企业中，往往一个对企业发展有益的创新，可以抵得上一百个缺乏思考只会埋头苦干的员工所创造的价值。

孔祥瑞是天津港煤码头公司操作队队长兼党支部书记，2011年10月他荣获“第三届全国道德模范”称号。孔祥瑞只有初中文凭，原本只是一个码头工人。在码头工作期间，他边干工作边学习，主动创新。把一个个“死”知识变成“活”知识，将“活”知识变成真本事，用自己的创新能力解决了不少“大问题”，经过

不断的努力,他出色地成为"蓝领专家"、享受国务院特殊津贴的高级工人技师。

在天津港煤码头公司工作期间,孔祥瑞已主持完成技术创新200余项,"大型散货取料机走行防碰保护装置"、"门座式起重机中心集电器"、"电缆卷筒防出槽、脱落保护装置"、"大型散货专用机械走行出轨报警保护装置"、"皮带机滚筒防窜轴报警装置"等获得国家专利,为企业创效益超亿元。

孔祥瑞常说:"没有完美的个人,只有优秀的团队。"为了提高团队的竞争力,他在公司举办了"员工讲堂",创造性地展开"自助餐"式培训,开展岗位练兵。一次,孔祥瑞察觉取料机左侧制动器坏了,现场只有一名外来劳务工宁师傅会修,他就让宁师傅给全队讲课。为了避免员工在工作期间遇到困难就卡带,孔祥瑞决定每周五都组织员工轮流讲解遇到的技术难题的解决方法,大家互动点评。如今,所有在岗的员工都在这一讲堂讲授过,有的员工已讲过多次。孔祥瑞提倡师傅带徒弟,不仅传授技术,更要创新思路,复合型员工越来越多。孔祥瑞主编了全国港口第一本《系统设备故障维修技术指南》,将日常保养和维修442项做法加以总结归纳,供一线工人解决"疑难杂症",实用性强,深受欢迎。

2011年11月,孔祥瑞带领的操作队与铁人王进喜生前所在的大庆油田1205钻井队结成对子,在线网络交流。共同打造知识型、技能型、创新型的产业工人队伍。

所有成功者都有一个秘诀:没有成功的条件,就创造条件。的确,很多人的成功是在工作中不断创新实现的。外部条件的阻碍只会让勇者更加无惧,他们凭借坚定的信念,用主动创新的精神开拓出一片天地。对于企业员工来讲,应该怎样在工作中培养主动创新的能力呢?

首先,员工在企业里必须时刻保持高度的工作热情和激情。只有热爱自己的工作,热爱自己的岗位的员工才能够充分地发挥自己的主观能动性和创造性思维,才能挖掘出潜在的富有创意的工作思路。此外员工在工作中,要带着快乐的心情工作,这样就不会觉得工作乏味、枯燥,还能体会到工作带来的快乐。激情地工作,才能够激发出无限的工作创意,才能捕捉到潜在的机遇,才能干得更出色。

其次,员工要养成勤于思考的习惯。成功是要在有经验的基础上,适时的归零,抛开成功的经验思考问题才会有新的发现。创新就是掌握更多的信息,发挥自己创造性的思维,把工作干得更出色,解决别人无法解决的问题。所以,在日常工作中,不仅需要勤奋、敬业还要多多累积、善于思考、及时归零。这样才能为自己的创造性思维打好基础,创造条件。

最后,员工培养工作的创新能力,必须是持续不断的,而不是一时的心血来潮;员工的创新必须是主动的,与时俱进的,而不是固守一种思维模式;最关键的是员工要将这个主动性的创新思维形成一种习惯,应用到工作当中。

当员工习惯地把主动性和卓越的创新能力融入到工作中去,就具备了干好工作的前提,当然也就具备了成为优秀员工的条件。当员工尽自己最大的努力培养自己的主动性,发挥自己的创新能力,进行工作上的创新和改革时,就能够不断地超越自我,把工作干得更出彩。

2

创新就是将复杂的问题简单化

所谓的创新就是勇于打破常规,敢于在工作中提出革新性的建议,找到新的方法,让工作有所突破,让业绩不断创新。当然在工作中,创新最大的作用就是将复杂的问题简单化。当问题出现,找到适合的方法解决是最为重要的,就是过河一样,河是问题,桥和船就是方法,选择什么方法过河最简单、最方便是关键,方法不对,事倍功半,方法正确,事半功倍。

将问题简单化,是智慧的体现。当员工在工作中遇到突发性的困难时,大多数的人都会一筹莫展,不知道该如何解决。因为员工长久工作的

时候，很容易形成一种固定的思维模式。当解决问题的时候，就会习惯从固定的角度去观察和思考问题，习惯利用某个特定的程序处理问题。习惯以固定的方式接受事物。

固定的思维模式会帮助员工很熟练地解决问题，但是它也会束缚员工的思维，导致他们丧失创新的精神，在遇到问题的时候容易夸大问题的难度，让一个原本简单的问题变得复杂化。所以出色地完成任务，一定要有将问题简单化的能力，这是巧做事情的根本，也是智者的表现。

将负责的问题简单化，是许多人追求的工作方式，简单是一个尺度，化繁为简地看问题会让员工懂得筛选与工作重点无关的信息，并且善于抓住问题的根本，会用最简单的方法阐述问题，解决问题。解决问题的方法越简单，解决的过程就越省力、越高效。

古人说："变则通"，有时候，我们遇到看似复杂的问题，只要我们能够变通思维，打破常规，将复杂的问题简单化，就不会被困难阻碍。要知道，再顽固的荆棘也会被善于变通的人们连根拔起。凡是只要善于思考，打破固有的思维，就一定能够想到新方法，必定会把复杂的问题，简单地解决掉。

赵思哲是一家能源公司的业务员，他刚到公司的时候恰逢年末，公司面临的最大问题就是如何讨账。其实，赵思哲所在的公司产品口碑很好，销路也不错，但是产品销出去后，总是有几项货款无法及时入账。眼看年关将至，公司必然会想方设法，抓紧时间要账。

有一位客户，十月份的时候买了公司 50 万元的产品，但是一个多月过去了，他总是以各种理由推脱，迟迟不肯付款。无奈之下，公司派了好几拨人去要账，但都无功而返。赵思哲来到公司不久之后，便被领导安排和另一个新入公司的同事一起去要账。

接到任务以后，赵思哲和同事们想了各种方法，软硬兼施。坚持了五天之后，赵思哲收到了客户汇过来的一张 50 万元的现金支票。赵思哲和同事开心地拿着支票去银行取钱，一想到马上能换得现款，把钱拿给领导，他们就特别兴奋，毕竟这个任务颇具挑战性。

可是就在他们排队半个多小时，打算把支票换成现金的时候，却被告知账户上面只有499900元。很明显，是客户故意刁难他们，给了一张无法兑现的支票。赵思哲纠结万分，第二天就是周末，倘若今天取不到现款，就得再等两天。可是好不容易拿到支票，如果今天还拿不到钱，不知道对方又会拖多久。

眼看银行还有一个小时就下班，如果时间充裕，赵思哲真想回去找客户大吵一架。同事说，不然打电话回公司，看领导怎么说。赵思哲当下就拒绝了，他说先自己想办法吧。坐在银行的休息椅上，看着来来往往匆忙的人流，赵思哲灵机一动，他立刻站起来排队。这一系列的动作搞得同事莫名其妙，原来赵思哲只是拿出100块钱存到客户账户里，这样一来，账户里就有了50万元，然后赵思哲立即将支票兑成现款。当赵思哲拿着50万元现金回公司以后，领导对他大加赞赏。试用期不到，他便被破格转正了。

这个案例的创新思维很明显，在整个事件中，赵思哲打破传统，利用创新性的思维，把一个看似复杂的难题灵活地处理了。

其实，当下不管是职场还是企业之间的竞争都越加激烈。在激烈的竞争中，作为企业的组成部分，员工所面临的问题也越来越多。如果员工想要在工作中不断取得好成绩，实现自我的价值，就要学会创新性把复杂的问题简单化。员工的竞争需要如此，企业之间的竞争也需如此。所以，利用创新思维，把复杂的问题简单地解决越来越重要，这一观点也愈加被人们认可。只要员工善于打破传统，创新地把复杂的问题简单地解决，这样的员工是企业需要的人才，也是企业最重要的财富。

在工作中培养创新的精神，会将复杂的问题简单化。面对纷繁复杂的万事万物，迎接层出不穷的新问题。只要你能够把握住方法的本质，善于利用简单的理念去思考问题、处理问题，就能够减少不必要的麻烦。只有把问题简单化了，才能够更好地驾驭自己的工作，才能组织高效的工作团队。

《史记》中说："大乐必易，大礼必简。"这句话的意思是说，大的音乐一定是平易近人的，大的礼仪则一定是简朴的。可见，简化的东西，往往会有理想的效果。的确，简单是新的形势任务赋予我们的一场思维革命，当

员工创新性地把负责的问题简单化，不仅会提高能力和素质，还会超越自我，增强与他人的竞争力。

当然，把复杂的问题简单化并不是什么事情都要简单去做，而是该简化的简化，不该简化的一定要精工细作。只要有一个简化的思维模式，就能够快速、高效的处理一件事情。简单化是员工因事对事的一种工作艺术，员工创新性地掌握好复杂与简单，也是一种辩证的智慧。

3 良好的创新意识让你永远出色

如果说创新是企业的生命，那创新的精神对于员工来说，更是员工发展进步的动力。在企业里，老板欣赏的往往都是那种既敬业又有创新意识的员工。带领这样的员工，领导们不用事必躬亲，也能放心地把工作交给员工，当然，具有良好创新意识的员工定会精益求精把工作做到最好。

纵观当下的企业，只有不断创新，企业才能够在激烈的竞争中摆脱被动的不利局面，立于不败之地。江泽民同志曾说过："现在我们更应十分重视创新。要树立全民族的创新意识，建立国家的创新体系，增强企业的创新能力，把科技进步和创新放在更加重要的战略位置。"因此，国家和企业的发展需要创新，个人的进步和提升更需要创新。唯有创新才能够让你走得更远，唯有创新才能够激发人们潜在的创新思维，促进人们突破性的发展。

在信息高速更新的时代，我们在校园里所学到的知识远远不够用，进入职场后的我们，想要站稳脚跟，必须时时地给自己注入新鲜的血液。这个时候，不断地学习，不断地在实践中创新，才会把工作做得更加出色。在职场中，一个真正具有创新意识的员工不仅在职场中永远出色，他的创新还会在更宽更广的领域中不断的发光散热。

杨世祥在73岁之际凭借着他敢于冒险、勇于创新的精神，绘就了一幅雄伟的商业画卷。好学的天性、高效的学习方法和扎实的基础，是他人生发展的坚实基础。

1962年杨世祥从重庆大学毕业，被分配到北京一家大型设计研究总院从事加热炉机械设计工作。校中成绩优异者无数，他却脱颖而出，成为该院最年轻的政府特殊津贴专家。杨世祥在年轻的时候，就喜欢创新，他不喜欢跟在别人后面，踩着别人的脚印前进，在同事眼里他的性格就是胆大、不安分的。

19世纪70年代末，一次偶然的机会让杨世祥踏进了液压领域，从未接触过液压的他，不但高效完成了上级安排的任务，还深入研究，解开了“液压同步”之谜，并发明了可调式同步阀和自调式同步阀，因此还获得国家发明奖。

1998年，已经退休三年的杨世祥，“不安分”地用自己仅有的几万块钱积蓄，组建了自己的高科技公司。不服老的他希望继续从事自己感兴趣的数字液压研究，并把这些技术推向市场，完成年轻时未实现的愿望。

2008年，他的第四代数字缸成功应用到水电领域大型发电机组，从而将数字油缸推向了真正实用化的水平。他还开发出了大扭矩数字油马达、低频振动数字缸、中频振动数字缸等一系列新产品和新专利。

已经年过七旬的杨世祥并没有停止前进，为了跟得上时代的变化和潮流，他学会了使用计算机。现在，杨世祥每天上网收集资料、在计算机上完成加工图设计、三维动态设计和仿真。他说：“新的发明和创新思路还在不断涌现。”

其实，良好的创新意识不仅能够让人永远出色，还能够带动别人产生创新的意识，促进他人进步。有人说创新意识就像黑夜里会发光的萤火虫，不仅能照亮自己，而且能照亮别人，赢得别人的欣赏。之所以说好的创新意识能够让人变得出色，是因为那些看似难以解决的问题，往往会因为人们运用了创新思维而迎刃而解。例如：司马光用砸缸的方法救出了不慎掉入水缸里的玩伴，亚历山大用剑劈开了高尔丁死结，最终成为亚洲

王。这些都是因为有了创新意识，才有了如此意外的收获。

有一家企业它有四个车间，其中一车间里的员工全部是男工，二车间里全部是女工，三车间的工作者全部是年轻人，而四车间里的员工全部是本地人。为了更好地提高员工的工作效率，一个新入职公司的管理人员做了这样一个决定：在车间人员总数不变的前提下，改变人员的构成，即一车间调出一半男工，加进相应数量的女工；二车间调出一半女工，分配到一车间。在三车间加进一部分中老年职工，调出相应数量的本地员工。四车间加进去一部分外地员工，调出相应数量的本地员工。

经过这样的一番调整，每个车间在工作的时间，不仅工作氛围融洽，而且在单位时间内，一个的工作效率明显地提高。其实，这就是结构创新的力量，企业生产设备和生产技术都没有改变的情况下，只是单纯地进行人员调整，生产效率就能大大地提高。

如果你也想拥有像上述人们这般出色的创新能力，那就一定要开发和培养自己的创新意识和创新精神。员工有了创新意识，就会在工作中时刻地反省自己，不会一成不变地做事，也不会在惯性思维的束缚中迷失自己，固化工作模式；员工有了创新意识，在工作中遇到问题能够做到具体问题具体分析，不会沉迷于经验。因为单纯凭借过去的经验是无法准确的解决新问题，新矛盾的；员工有了创新意识，不仅能在平凡的岗位上有创新，还能够创造性地实现自己的远大理想。创新会培养员工发挥自我的思考力量，处事不惊，以不变应万变的心态把握成功。

因而，人们要相信，只要我们在工作中始终具备创新精神，随时利用良好的创新意识，就能够突破自我，让自己在职场中越来越出色，逐步实现自我价值。

4

不要让自己做经验的奴隶

创新需要经验，但是不能照搬经验，经验只是创新的基础，创新和经验两者是相辅相成的关系，而不是从属关系。创新需要以丰富的经验为基础，但是不能墨守成规，形成固化思维。如果不能从经验中有所创新，那就要抛弃经验，以归零的心态突破创新。

当今社会是创新性的社会，历史的发展也告诉我们因循守旧，做经验的奴隶只有落后。想要在竞争激烈的市场中生存下去，必须拥有创造性的实力，创造力是财富和成长的唯一源泉。非凡的创新能力，是人类社会进步的客观要求和不竭动力，是企业强大，提高竞争力的关键，更是员工出色地完成工作，提升个人能力获取高薪的必要条件之一。

柯特大饭店是美国加加州圣地亚哥市已经颇具盛名的老牌大饭店，由于最初设计配套的电梯过于狭小，无法承载越来越多的客流量，老板决定扩建一个新式的电梯。

于是，饭店老板请来全国一流的建筑师和工程师一起探讨电梯扩建的问题。经验丰富的建筑师和工程师们仔细地观察了饭店的布局，也勘测了饭店的面积，经过半天的讨论，他们告诉老板：扩建一个新式的电梯需要在地下室安装最新式的马达，而且需要在每个楼层里打洞，这样的话饭店必须停业半年。老板听了很是苦恼，因为饭店停业半年损失的营业额是无法估量的。

其实，这一点专家们都明白，但是他们坚持这是扩建新式的电梯最好的方案，除此之外，没有比这更好的办法。这时候，一位正在拖地的饭店清洁工刚好听到工程师们的讨论，于是怯生生地说：“要是我，就会直接在屋外装上电梯。”清洁工话音刚落，在场所有的人都沉默了……

在这个故事里，经验丰富的建筑师和工程师们败给了一个普通清洁工。并不是说这位清洁工有比他们更优秀的建筑知识，而是两种不同思维模式的较量。因为有了经验，专家们在解决老问题的时候更容易陷入定势思维，无法突破或创新；而清洁工不懂得电梯安装知识，也不会有经验可追究，就不会形成固定的思维模式。由此可见，丰富的经验所形成的思维定势会给创新思考造成一定的阻碍。人们只有不时的、有意识的偏离惯性轨道，才有可能有新的突破和创造。

别让你的思想变成你的囚徒，也不要让自己做经验的奴隶。对于企业员工来说，他所具备的创新能力，将直接影响着他的事业发展。在工作中，没有创新意识，缺乏创新能力的员工很难发现隐藏在问题之中的矛盾。创新是员工一身的资本，是员工在竞争激烈的职场中，获得成功，获取高额薪酬的关键所在。打破传统思维，创新性地处理工作中的问题，不仅会给企业带来利益，也有益于自己的发展。

员工要如何适度抛弃经验，培养创新能力呢？

(1)员工在工作中要敢于打破常规，让创新意识迸发。不能总是用一种熟悉的思维方式处理工作。要时常自省，及时发现自己工作中存在的问题，并用有效地方法帮自己解决问题，不断审视自我、完善自我。

(2)要始终保持一颗好奇心。对事物保持一颗好奇心，不仅很容易地找到自己的乐趣，还能发掘自己的黔南，这样的员工最容易突破常规，有所创新。

(3)不满足过去的经验和成绩。过往的经历再成功、再丰富也只是过去，员工在工作中需要以一种敏锐的、全新的思想看待周围的事物，不要满足于现有的知识和经验，这样思想才能在很大程度上增进其创新能力的开发。

(4)用心观察。在工作的过程中，拥有用心观察的习惯对培养创新能力也很重要。只有员工善于发现事物的优缺点，在进行创新的时候，才能够准确有力地抓住事物的优点，避开缺点和阻碍。

(5)具备积极的心态。人在快乐、轻松的状态下，心理上才会有积极的反应，思维也会因此变得活跃起来。所以说，具备积极的心态，对于创新能力的培养很有意义。

(6)集中注意力。创新能力需要员工集中注意力去挖掘，因为注意力集中的程度往往决定着思维的深度和广度。如果一名员工能够把自己的注意力集中到一件事情上,就能够全神贯注地思考问题,解决问题。

(7)归零心态。如果你不想做经验的奴隶,必须懂得归零,才能重新认识自己,重新树立目标。这样创新意识才不会被以往的经验束缚。懂得归零的员工不会因为过去的失败或成功而影响当下的决策和创意。

创新对员工来说很重要,当然经验也是优秀员工的必需品。唯有将经验和创新两者有机地结合起来,取长补短,不顾此失彼。这样才能够培养出良好的创新精神,才能够在工作中不断地提升自己,才会把工作干得更加出色。

5 创新就是要善于提出问题

企业提倡创新是为了更好地把握市场机会、提升产品和服务优势,增强企业核心竞争力,员工在工作中的创新能力起着举足轻重的作用。因此,一名优秀的员工应该在把工作干得出色的同时,还需要挖掘创新意识才能促使员工超越自我,成为企业的核心人才。然而,任何创新都不是盲目的、无意识的行为,创新不能舍弃本质,无所遵循,而是应该建立在对工作充分了解的基础上的。其实,在实际工作中,有很多员工都具有创新精神,因为,他们在长期的工作过程中,善于储备知识,积累经验,提出问题,从而通过改良工作方法和技术,为企业的发展作出了重大贡献。

创新就是要善于提出问题,只有具备了打破沙锅问到底的精神,遇到问题才能看得透彻,才能在遇到阻碍和瓶颈时,打开思路,找到解决问题的方法。当我们在处理问题时,能够做到综合分析问题,就能有效地避免走弯路。如果企业想要提高竞争力,如果员工想要提升工作能力,就需要

在干好工作的同时善于发现问题、提出问题、解决问题。

如果说创新就是善于提出问题,那么员工首先应该养成善于思考的习惯,这样才能在工作中有问题意识。有了问题,才有可能创新,然而问题总是会时时出现,往往一个问题解决了,新的问题又来了。因此,创新是永无止境的,同时,创新还具有不可重复和复制的特性。如果你想要干好工作,成为企业的核心人才,就必须要创新性地干工作,不断学习专业知识,接受新事物,并且主动运用到工作中去。

2005 年,赵大坪获得首届全国铁路职业技能竞赛接触网专业个人全能第一名和"火车头奖章",被铁道部和劳动和社会保障部分别授予"全路技术能手"和"全国技术能手"称号,2006 年,获"中华技能大奖"。

赵大坪的成功,就是在工作中不断提出问题,不断创新的结果。1985 年,不到 18 岁的赵大坪就开始了他的接触网工生涯。刚开始工作,他见什么都觉得新奇,看到直径 4 毫米的铁线在老师傅手里软如面条,两三分钟吊弦就做成了,他也兴奋地去学,可是做几下,手就磨出了血泡。

为了练成师傅们那样的硬功夫,赵大坪在工作中不仅不畏艰险,还养成了刨根问底的习惯。他脑子里总是有一个"为什么",上班遇到问题或不懂的就缠着师傅问,业余时间也捧着书本看。日积月累,赵大坪逐渐成长为车间班组里的技术骨干。他因为爱想问题,被工友们称为"赵琢磨"。工友经常开玩笑说:"少想点吧!头发都掉没了!"他则笑着回答:"控制不住呀。"

1993 年,赵大坪第一次参加北京铁路分局接触网专业技术比武,取得第二名。他并不满足,铆足劲要拿第一。第二年,他便在分局技术比武中夺冠。参加比赛多了,赵大坪慢慢懂得如果想要一直保持第一,必须要不断创新。

1996 年北京铁路局接触网技术比赛中,赵大坪凭借自我研发的"水平吊装"的新方法,获得了第一名,因为该方法彻底解决了传统作业时间长、难度大,安全系数低的垂直吊装腕臂更换安装工艺法。随后,赵大坪在工作中,发现铜线断线后续接变形的难题,可以利用扭铁板克服,于是创新性的研发出"导线接续辅助装置”，该创新不仅在全局推广使用，还获得首届全国铁道职业技能竞赛接触网个人全能第一名。

1999年，赵大坪因为在专业领域有非常卓越的成就，于是被北京供电段抽调到培训中心工作。为了更好地把自己所掌握的接触网工技能传授给大家，他针对不同年龄、不同文化水平的学员，采用不同的教学方法。经赵大坪培训的职工技术水平明显提高，一些业务尖子被选送参加不同级别的技能竞赛，多人先后在竞赛中获得优异成绩。

2011年10月，赵大坪参加了京沪线电气化改造工程的施工监理工作。赵大坪说：“全国铁路大提速和高速客运专线开工建设对一线工人提出了更高的要求，我要与工友们一道，积极迎接新的挑战！”

我们从赵大坪的成长过程中可以看出，如果他没有发现问题、提出疑问就不会有创新，更不会把每项经手的工作做得如此出色，为自己赢得成绩和声誉。如果，作为企业员工的你，也能在工作中像赵大坪那样，养成善于提问的习惯，相信你也一定能成为企业和某些技术上的核心人才。问题是创新的起点，员工在工作中要善于捕捉各种细节上的问题，把握时间的变化节奏，广开渠道，善用良策，唯有这样，才能创造性地发现问题、解决问题，握住发展的契机。

有创新意识的员工一定是善于提出问题的人，当他们提出有利于企业发展的关键性问题时就具备了创新的前提。比如说科研单位里的项目研究一样，能提出准确的科研课题就有可能把这个项目做好，相反，连题目都想不出来的，又怎么能够做好研究呢。作为企业的一名员工想要出色地干好工作，就要善于提出问题，因为问题是创新活动的出发点，有了问题，才会有创新。

工作就是解决问题。当问题提出来以后，就要着手解决问题，这是落实创新的重中之重。把创新落实到实处，需要员工具有勇敢的冒险精神和良好的责任心。这个过程需要突破所有的束缚，不断地更新观念，打破常规思维，工作方法和形式才能得到创新。此外，创新还需要勤奋地工作和学习，勤奋是创新的基本品质，没有勤奋，所有的好奇和问题都不可能变成实践。

6

创新贵在持之以恒

纵观近百年的世界产业发展，我们会清楚地发现：每次危机过后，新的发展和突破都是依靠创新得以持续的。创新能够转变产业发展方式，实现历史性的跨越。二战后，日本利用三十年间一跃成为世界第二经济大国，韩国紧随其后，仅用四十年成为世界第五大科技创新强国，这些空前绝后的成功都与自主创新密切相关。由此可见，创新的意义贵在持之以恒，不仅对于个人的职业发展而言至关重要，对一企业的生存和发展，乃至一个国家的兴旺发达都具有非常重要的意义。

没有创新就没有人类文明的进步，没有社会的持续发展。国家的强大需要创新，企业的发展需要创新，员工的进步更需要创新。创新意识不足，创新能力不强，企业在市场竞争中就没有主动权，而员工没有创新的能力，就不能主动地干好工作，出色完成工作任务。有创新精神的员工不拘于常规，不怕苦不怕累，敢想敢做，对企业有极强的责任心，会在工作中持之以恒地地发挥自己的优势，为企业创造财富。

一个人的价值，需要通过自身不断努力和卓越的创新精神才能充分体现出来。这句话在吉林省通化东宝药业股份有限公司员工冷春生身上体现得淋漓尽致。众所周知，实现基因人胰岛素产业化是许多西方发达国家用了近20年没有突破的生物技术前沿课题，可令人震惊的是攀登生物制药科技高峰的冷春生，竟是一名1997年毕业于吉林化工学院精细化工专业的大学生，一个地地道道的门外汉。冷春生1997年毕业后就来到通化东宝，专业不对口、没受过专门训练、提起DNA他犹如听天书。

可他如痴如狂地自学，6个月就掌握了常人两年才能独立操作的高效液相技术，3个月拿下了分子生物学大学生两年才能完成的专业学科。

1998年，通化东宝来了一批搞认证的美国博士，他们看中了冷春生的执著和勤奋，把各自学科的实验交给他去做。就这样，这个不起眼的小人物，靠着一股“钻”劲，神奇般地闯进了一个个未知领域，实现了对国际前沿多学科知识的交叉融合和跨越。

冷春生学会知识就创新。1999年，冷春生发现，由于没有生产中同步分析检测方法，胰岛素只能生产出来后才能确认质量是否合格。他查阅了大量资料，判断一种试剂，有可能在生产中同步检测。可这种试剂，他跑遍了全省都没买到，听说沈阳郊区一家店有。元宵节，单位要去沈阳拉氩气，冷春生主动请缨，趁着氩气装车的空挡，他打车跑了几十里，花了一百多元车费，(是他当时工资的四分之一)，才买回一瓶二十元的试剂。司机师傅不解，冷春生却觉得很值。经过无数次实验，他用这种试剂，成功地将胰岛素和其他杂质有效分离，解决了长期困扰胰岛素检测的关键性问题。至此，只有25岁，仅仅工作了两年的冷春生，创造出了高分辨率、高灵敏度的基因重组胰岛素的检测方法，胰岛素纯度达到99.4%，高于欧美药典98%的要求，为产品打入欧美市场奠定了坚实的基础。

冷春生打破传统，在实践中创新。年产3000公斤胰岛素原料药工程的建设，按照原有工艺，需要订购价值近500万美金的特殊设备。冷春生大胆砍掉了该设备，节约了资金，减少了生产周期，提高了产品质量。据统计，冷春生进行大的工艺改进共12项，为企业节约资金数亿元。

冷春生年龄不大，学历不高，专业不对口，他靠自学成才，攀登上了世界生物科技的巅峰，搞出了优于美国的胰岛素产业化工艺流程，使中国自主品牌的人胰岛素跻身世界三强，让世界为之震撼！

当前，在价值追求多元、多样、多变的社会转型期，我们缺失

的不仅是自主创新品牌，我们缺失的更是一个全民族不断探索、不断发掘、不断创造的自主创新精神。使得科技成果因无法实现产业化而束之高阁，难以形成具有全球核心竞争力的品牌走出国门。

冷春生执著于创新的“钻”劲，不仅填补了国内医药行业的一项空白，同时也为他所在的企业带来了极其可观的利润，而他本人也因此受了社会各界的肯定和赞赏。作为基因重组人胰岛素的研发者之一，2002 年冷春生获得了国家科技进步二等奖；2009 年冷春生主持的《重组人胰岛素项目产业化项目》获全国工商联科技进步一等奖，2011 年他主持的《重组人胰岛素吨级产业关键技术创新与应用》获吉林省科技进步一等奖。2010 年被授予全国劳动模范称号，被评为吉林省拔尖创新人才、吉林省优秀共产党员、吉林省省管高级专家，享受国务院特殊津贴。2011 年吉林省总工会、通化市委市政府、吉林省委省政府相继做出《关于开展向冷春生同志学习活动的决定》。

如同冷春生一样，每一位员工想要在自己的工作中获得成绩，不仅需要娴熟的技能，认真的工作态度之外，还需要具备勇于创新的品质。然而，创新贵在持之以恒。冷春生对待创新有一种“钻”劲，正是这种执著于创新的“钻”劲，令冷春生取得了让人羡慕的成就。

员工的创新固然重要，但是创新和成功一样不是一蹴而就的，而是更需要持之以恒，不断完善的。如果你是一名有创新能力的员工，那么你的工作一定能尽善尽美地完成，并且能够产生更多价值。然而，你不能因此骄傲自满，而是要一直坚持下去，这样你才能够成为企业里真正最出色的员工。其实，一个具有创新能力的员工，不一定需要很高的学历和技术水平。如果你在工作中勤于思考，善于观察，就拥有了创新的源泉和动力。

创新贵在持之以恒，坚持创新能让员工在工作岗位上长期快乐地工作下去，更能提升企业的整体效益，这是一举两得的事情。有时候就是新旧元素的重新组合，创新的形式有很多种，可以是彻头彻尾的革新，也可以是极其细小的变化，但是不管是怎样的创新，都需要坚持方能取得成效。

第七章
非凡的学习能力，让你干出非凡的工作成绩

有非凡学习能力的员工，不仅善于思考、有着良好学习习惯和较高的职业素养，还是提高企业竞争力，增强企业凝聚力的核心成员。因此，员工在工作中要善于学习，善于思考，并逐步培养自身非凡的学习能力和卓越的工作能力，才能成为被企业重用、被领导青睐的优秀员工。

1

学习力和工作能力永远成正比

学习力和工作能力永远成正比,善于学习的员工在快速发展的社会中具有最强的适应能力,他们更有能力胜任工作,并在干出非凡的工作成绩的同时,给企业创造更多的价值。学习知识,掌握知识,提高自己的工作能力,是一名优秀的员工最大的财富和资本。善于学习的员工,他的学习能力就越强,他的工作能力也会随之提升。

知识就是力量,知识就是财富,知识是推动人类文明进程的主要动力之一,是开创科技向巅峰发展的动力之源。知识对于我们每一个人来说,是无比珍贵的财富,员工的学习力将决定我们在职场中能走多远,能够获得怎样的成就。不管一名员工的头脑有多灵活,人际关系有多好,如果他没有足够的知识储备,如果他不懂得通过学习提升自己的能力,那么,这个员工就不会干出非凡的成绩,给企业创造非凡的价值。

学习的能力,知识的储备量,直接关系到员工的工作能力。任何一个企业的发展,都离不开员工工作能力的不断提升,那么,企业的发展要求每一位员工都应该不断提高学习力,以增强工作能力,为企业在市场中具有一定竞争力打好基础。因为,作为一名员工,如果不思进取,不积极主动地学习,就只能在职场竞争中被淘汰。

在2010年之前,丁铁梅还是河南省郑州市检察院的业务骨干,2010年1月以后,丁铁梅带着组织的重托,来到河南省荥阳市,担任该市检察院第一任女检察长。“从我做起、向我看齐、对我监督”是丁铁梅向检察院所有干警做出的承诺,在接下来的工

作中，她也时刻用实际行动履行自己的诺言。

丁铁梅刚到上任不久就接到一封举报信，信中反映该市畜牧局有关人员采取虚报冒领的手段骗取国家专项养殖项目补助资金。作为检察长，她没有简单地安排有关部门处理，而是带头办案，与反贪局干警一起对举报材料进行分析研究，制订初查方案，寻找突破方向。

在丁铁梅的指挥下，反贪局派出5个调查小组快速出击，分别从畜牧局国家专项补助资金的收支情况和全市所有大型养殖户申请使用专项资金情况入手，进行深入调查，第二天就查明了案情，锁定了主要犯罪嫌疑人李某。李某到案后，在办案人员获取的铁证面前，没有作出任何辩解就主动交代了犯罪事实。后来，法院以贪污罪依法判处李某有期徒刑十年。该案也于当年被郑州市检察院评为“十大精品案件”。

丁铁梅机智果断、雷厉风行的工作作风感染和激励了全院干警。与此同时丁铁梅崇尚学习，倡导“快乐工作、健康生活”的理念，感染着检察院里的每一个同事。丁铁梅说：“一个单位，一个人，没有文化是不行的。深厚的文化底蕴是一个集体战胜一切困难的源泉和动力。”

丁铁梅不仅抓干警的工作效率，还抓干警的学习能力。针对院里高层次人才相对较少的状况，丁铁梅积极向市里提出建议，公开招录了一批研究生，为检察工作的长足发展奠定了基础。与此同时，她不但自己把学习当做一种习惯，还要求全体干警边工作边学习，把学习当做人生的必修课，并制订相应制度鞭策、激励大家。

丁铁梅说：“每周五下午，我们都会集中全体干警开展‘每周一课’活动，让干警走上讲台，为大家讲课。这样不仅提高了干警的综合素质，也为广大干警搭建了展示才华、交流学习的平台。如今，‘每周一课’已成为院里培养人才、锻炼人才、发现人才的重要途径，受到了广大干警的欢迎和好评。”

现在，每当人们走进检察院办公楼时，都会看到一楼大厅的电子屏上饶有趣味的漫画和警示语不断变化，颇有新意。每天上午十点，检察院的办公楼内都会准时响起优美的音乐，这是提醒大家停下手头的工作，休息片刻，活动活动身体，放松一下大脑。丁铁梅尽自己最大的努力，为检察院里的同事营造一个轻松、积极的工作和学习环境。在这样的如此积极的氛围下，相信很多干警都能够通过学习进一步提升自己的工作能力。

虽然上述案例讲的是检察院里的故事，但是也值得每一个人学习。丁铁梅不但自己在学习中不断提高工作能力，成为大家学习的榜样，还为大家创造了良好的学习和工作环境，带动了整个团队的学习力，增加了整个团队的工作能力，为社会的繁荣发展贡献了一份力量。因此，不管是行政单位的工作人员，还是企业的员工，只要你想要成为一名优秀的员工，想要干出非凡的成绩，就必须让自己时刻处于高附加值状态，要不断地努力学习。

事实证明，不管你身在哪个企业，在哪个工作岗位，担任什么职位，具有非凡的学习力，是能够出色地完成工作的基础，受到企业的重用。一个真正的职场精英，在工作中是敢于学习，不怕苦、不怕累的，他能在任何时候都能备受器重。

非凡的学习力能够增加自身知识的累积，知识的积累是提升自身工作能力的基本要求之一。企业应市场竞争的需要，要求每一位员工都具备超强的工作能力，在工作中作出非凡的成绩，而非凡的学习力可以充实我们的头脑，让我们成为企业需要的人才，从此改变我们的命运。因为学习力和工作能力是永远成长正比的，如果想提升工作能力，干出卓越的工作成绩，一定要有丰厚的知识储备。

2 勤奋是非凡学习力的保证

非凡的学习力是通过勤奋来得以实现的，勤奋是非凡学习力的保证。

只有具备勤奋精神，学习的效果才会事半功倍，我们在职场的成长才会更快，更卓越。有的员工在工作中也学习，但是不勤奋，学习的状态让人看起来只是在做表面工作，并不能做出非凡的工作成绩。

一个真正善于学习的员工，是能够抓住工作中的每一个细节，熟练掌握本职岗位业务知识的，不断地在工作中勤奋学习，才不断地用知识创造个人和企业财富，为自己在职场赢得更多机会和成就。

非凡的工作成绩需要脚踏实地，需要创新精神，需要尽职尽责，需要勤奋努力……这每一项都是每一位员工对自己最基本的要求。相信每一位员工都想取得非凡的工作成绩，但是，作为企业的一名员工，你是否这样扪心自问过：这些最基本的要求，我做到了吗？没有付出就没有收获，不勤奋工作，不勤奋学习，就只能看着别人取得成绩，得到提升，而自己却止步不前。

文力是资江机器有限责任公司数控车间铣工班的班长，在这个岗位上，他一干就好好几年，同事们都说他“勤奋、踏实、认真”。简单的几个字，很贴切地概括了文力的工作作风。资江机器有限责任公司工会主席张颖也说：“文力之所以能成为公司数控操作的主要骨干，完全得益于他的勤奋学习精神。”

1997年，文力中专一毕业就进资江机器公司当了一名普通的车间工人。文力觉得在车间工作，最大的好处就是可以学到很多技术，能提高自身的技能，还能和同事一起分享劳动的快乐。

2002年5月，资江机器公司组建数控加工中心，文力得知此消息，第一时间就去报名了，并且主动要求从事数控操作这一新的工作。这个岗位对于文力来说，是个技术含量很高的工作，想要胜任这份工作，并且干得出色，必须勤奋学习，尽快掌握数控操作技能，确保提前投产。

为了尽快掌握数控技术，出色地干好这份工作，文力不仅在工作期间积极跟着师傅们学习，空闲之余他还自学了《数控加工原理》等十几门相关专业的课程。这样，他一边在工作中积累经验，尽快掌握要点，提高工作能力；一边关注数控行业领域的发展，搜集相关资料。在学习同行经验的基础上，坚持对照分析、辩证吸收,逐渐形成了一套适合自己的工作方法。

经过长期勤奋地钻研和实践,文力掌握了一身数控加工的过硬技能,2008 年和 2009 年连续两年参加了省总工会组织的数控技术比武,获“优胜技术能手”称号。同时,利用业余时间不断充实自己的文化理论知识,2006 年,文力通过自学考试拿到了大专文凭。

2010 年初,资江机器公司接到一批外贸军品生产任务,交货时间短,任务重。但项任务不仅关系到公司今年生产目标的完成,而且关系到公司今后的发展。为了准时交货,领导把这个重任交给了文力和他的团队。从 3 月份到 8 月份,文力仅休息了三天,平均每天岗位上一干就是十几个小时,随时进行操作程序的变更或修改。终于,功夫不负有心人,文力不仅按时完成了生产任务,还出色地保证了产品的首件调试、新开发产品零件试制、单件生产、高精尖外委产品等生产任务的质量。

文力非凡的学习力体现了他的勤奋精神,使其在普通的工作岗位上,取得了非凡的工作成绩,成长为新时代需要的人才。随着时代的发展,人们的价值观也随之变换,在职场中,越来越多的人追求高学历,高能力,从而忽略了身为职场人最基础的勤奋、踏实。如果说学习力能够提升工作能力,那么勤奋就是保证你干出非凡的工作成绩的前提条件之一。

在职场,只有当你能够在日常工作中,勤奋踏实地学习与岗位有关的知识,及时更新自己头脑中的知识,才会在职场竞争中取胜。相反,如果固守自己的高学历和眼前的能力,而不知进取,迟早有一天会被淘汰。

王钦峰是一名只有初中学历的农民工,16 年来他凭借踏实、勤奋的学习毅力,从一名普通的企业员工成长为机电工程师、企业研发骨干。王钦峰的信念十几年来始终如一:只要不甘平庸,努力在平凡的岗位上执著追求、勤奋学习、刻苦钻研,一样可以成为社会的有用之才,一样可以成就个人梦想,一样可以创造辉煌。

1992 年,初中毕业的王钦峰来到高密市呼家庄镇原配件厂当了一名学徒工。面对陌生的机械加工设备,看着师傅们游刃有余的操作,他既佩服又羡慕。于是,每天跟在师傅后面学习,

反复揣摩，勤学苦练，3 个月他就掌握了车床的全部操作技能，迅速成为一名可以独立顶岗操作的熟练工。凭着勤学好问实干，王钦峰很快又掌握了铣床、磨床、刨床等操作技能，成为企业的“多面手”。

在王钦峰看来，成才的关键在于勤奋学习，刻苦钻研，他说：“不论学历高低，干什么学什么，缺什么补什么，即使学历低，也能实现自己的价值。”从 1997 年到 1999 年底，王钦峰阅读了大量的专业书籍和资料，做了 6 万多字的学习笔记，完成了从初中生向专业人才的跨越。

王钦峰说：“多年的努力学习使我在知识上有了大量的储备，也为我参与公司的一系列技术革新、取得成功打开了一扇扇机遇之门。”的确，现在 35 岁的王钦峰不仅完成了 40 多项工艺革新，设计了 10 多种专用设备，还获得了三项国家专利和一项山东省科技进步三等奖，荣获全国五一劳动奖章。而他所在的豪迈公司，则成了世界最大的轮胎模具制造商。

王钦峰的成功就是勤奋学习的成果，他没有高学历，也没有过人的天赋，但是他凭借自己勤奋、踏实、好学的毅力铸就了辉煌的职场生涯。正如在现实社会里有的人在工作岗位上干了一辈子，都没有取得什么工作成绩，而有的人在工作岗位上因为勤奋学习，工作不久就取得了非凡的工作成绩。

勤奋，是每一个人都应该具备的品质，尤其是对于企业员工来说更应该具备这种品质。勤奋的员工在工作过程中，不仅会尽自己最大的力度去学习，还会善于把所学到的知识运用到工作中，充分利用和把握这个提高自身竞争力的过程。

勤奋是保证学习取得非凡成绩的主要途径，非凡的学习力是干出非凡工作成绩的基础之一。如果你能在工作的实践中读懂这个道理，就能勤奋地学习与工作相关的各项知识，并将其利用到工作中去，使得自己在职场中成为胜利者。一个能不断地勤奋学习的人，会尽自己最大的努力去适应这个时代的发展，满足企业的需求，用新的知识去充实自己，提升自己。

3

做一名善于思考的学习者

善于思考几乎是所有职场成功者的特性之一。在日常工作中，我们会发现善于思考，并且能踏踏实实地工作的员工，不仅能取得工作成绩，还可能创造出令人惊叹的事业奇迹。而有的员工不善于思考，只知道一味地埋头苦干，从来不优化自己的工作方式和能力，他们虽然能完成工作任务，但是却很难干出非凡的工作成绩，达到事业的顶峰。

做一名善于思考的学习者，是新时代背景下对职场人士的要求。如果干工作只凭认真的态度、踏实的行动是不够的，必须还要勤于思考，用心对待自己的工作，这样才能学到更多的专业知识，不断提高自己的工作水平，干出非凡的工作成绩，赢得更多机会，在职场生涯中取得成就。

在职场中，作为一名优秀的员工，应该懂得在长期的工作中养成善于思考的好习惯。这样的员工总是能给上司留下良好的印象。因为他们在能够独立思考，不断提高自己的工作能力，完成工作任务更高效、更完美。不善于思考的员工，工作通常都是机械性地应付，他们常常被工作淹没，在工作中没有活力，这样的员工，对待工作如同嚼蜡一般，干得再多也难知其味，很难高效、完美地完工作任务，对于他们来说干出非凡的工作成绩如同蚂蚁登山一样艰难。

郝万忠生前是内蒙古自治区鄂尔多斯市准格尔旗公安局党委书记、局长。人们都称他是“黑老谋”，他铁面无私，善思善谋；他关爱百姓，关心下属，细致入微；他在对待工作时勤奋好学，善于思考，决不轻易向工作中的难题认输。

郝万忠在工作中，不断思考着目前人民警察的生存状态以及警民关系。他说：“恶劣的生活环境使得一些警察‘漠视群众疾苦，损害群众利益，伤害群众感情’，有的甚至逐渐把‘鱼水关系’变为

'油水关系'。作为人民警察必须深深扎根于群众，树立公信力，维护好社会平安。"在他随手记录的学习心得中，他真切地表达了自己对警察职业深入的理解，试图通过自己细致入微的关心，让干警有个更温暖的"家"，也让他们把最好的状态带到工作中。

在2009年11月第二期全国公安英模培训班学习期间，郝万忠写下了题为《思路决定出路》的学习心得。经过深入地学习思考，他总结：基层警察的生存环境滞后与职责使命的要求不能和社会发展同步，如得不到切实有效解决，势必影响经济发展和社会进步，甚至会带来地区不稳定和动荡，因此改善警察生存环境势在必行，要根本解决上述问题，还得从思路上寻找出路。

郝万忠之所以能得到同事和群众的认可，是懂得学习、善于思考的结果。他在工作中，勤于思考的习惯为他工作上的创新成果奠定了基础。作为新时代的员工，应该学习郝万忠善于思考的精神，在工作中养成勤思苦学的习惯，这样工作起来才会有生机，才会充满活力。然而要学会善丁思考，懂得合理利用思维服务于工作，干出非凡的工作成绩。员们不妨参考以下几点，逐步提升自己的思考能力，进而增强自己的学习能力。

首先，员工要学会换位思考。换位思考可以让员工的工作更具有针对性。随着工作节奏的加快，员工在工作中的角色转变也在不断地加速，如果想要找准节拍，适应节奏，就要学会换位思考。及时地做到换位思考，才能做到知己知彼，才能针对性地解决工作中的问题。

其次，员工要学会系统思考。员工懂得系统思考可以使工作能兼顾大局，为整个团队的工作成绩服务，让自己的工作为企业产生最大的价值。无论你所从事的是什么工作，都会涉及很多个方面、多个领域，这个时候，员工必须从整体出发，把自己的工作放到其所在的系统中去思考，从整体把握，理清关系，分析联系，进而准确、稳妥地制订计划，完成工作。从整体上把握工作，系统思考，能准确地突出重点，干出非凡的工作成绩。

最后，员工要学会反向思考。员工要学会反向思考，保持良好的工作心态，具有前瞻性地工作。反向思考是很多员工容易忽略掉的一点，工作期间，困难和阻碍在所难免，在这个时候，不要过于气馁，要积极地去寻找解决问题的方法。当然，在顺境的时候，也要时刻警惕危险的出现，懂得居安思危。

新时代的每一个员工应该都是善于思考的学习者。职场的成功,也是每一个员工事业的成功。善于思考的员工,具有更强的学习能力,工作会做得更出色,就能得到企业的重用,从而得到更多的发展机会。而企业增强竞争力,必须拥有一批主动学习、善于思考的员工。员工需要快速发展,企业需要高速运转,在员工追求理想、企业追求效益的时代,每一位员工都应该牢记学习和思考的重要性。

4 良好的学习习惯是关键

无论是在平常的生活中,还是在日常的工作中,良好的学习习惯在每一个人的人生道路上,都起着至关重要的作用。有人说人生就是一个学习的过程,由此可见,一个人如果不学习,不养成良好的学习习惯,人生的成就将大打折扣。作为企业的一名员工,有良好的学习习惯的员工,综合能力更强,总是表现更突出,能为企业创造更大的价值。这样的员工无论就职于哪家企业都能备受重用。

员工的学习能力是综合素质、工作能力和竞争能力的重要源泉,提高员工的学习能力是成功的必然选择,而养成良好的学习习惯是提高学习能力的关键。建设学习型的企业,是每个员工应尽的职责,树立良好的学习习惯是员工应尽的义务。作为企业发展的主力军,员工在日常工作和生活中注重培养学习能力,养成良好的学习习惯至关重要。

常言道:“活到老,学到老。”学习是无止境的,人的一生都离不开学习。只有良好的学习习惯才能让你学有所成。勤奋、善于思考、努力等都是学习习惯培养出来的,没有良好的学习习惯,就不一定能取得好成绩。

2011 年 9 月,中南大学本科生刘路用一晚时间破解了困扰

数学界十多年的数学难题“西塔潘猜想”，这一消息震动了学术界。这个消息在一经曝光，网上有关“刘路”的搜索关键词的在“百度指数”上飙升，爆炸式的搜索呈现的不仅是对刘路个人的关注，更多的是对刘路成功背后的故事探索。

他是如何在一夜之间破解困扰数学界十多年的数理逻辑难题的？他真的只是一个本科生吗？他的成功又有着怎样的故事？他的学习习惯、思维方式无一不被人们探究。当刘路的辅导员杨坤得知他取得如此非凡的成绩时，一点也不惊奇，好像一切都在情理之中。原来，这一切的成功都和刘路一直坚持的良好学习习惯有关。杨坤说：“刘路的性格并不内向，他经常参加各种各样的活动，包括数学建模大赛和院里组织的数学文化节。他所涉及的学习领域不仅是在学术和专业上，他似乎对很多东西感兴趣，但最感兴趣的还是数理逻辑。他还是‘好好先生’，经常乐于助人；他热爱运动，曾获得学院运动会 400 米第一名、1000 米第二名。”

事实上也是如此，刘路把自己每天的时间都进行了合理的规划，并且做了日志。每天都会留出一些时间研究数理逻辑，对于研究过程出现的问题和困难，他从来不放弃、不妥协；每天都坚持对研究过程进详细的记录，针对记录反复试算、推理、判断，直至得出肯定的结果。正是因为刘路在长期的学习中养成了良好的学习习惯，才能创造奇迹，一举破解数学难题，成为数学界的奇人。

辅导员杨坤还说：“大学能培养两种人才，一种是学术型的，一种是社会型的，无论哪一种，他们都将是这个时代的精英。他们的成绩和成就，都与保持着明确的目标性、良好的学习习惯是密不可分的。大学生就应该要有理想、有梦想。”

相信刘路的故事，在让我们眼前一亮的同时，也带给我们更多的感悟和体会。在学校的时候，老师天天都强调我们应该从小养成良好的学习习惯，将来才可能有所作为。然而在现实生活和工作中，不少人已经忘记了“学习”，更谈不上良好的学习习惯了。很多人在入职以后过着朝九晚五的日子，不思进取，看到别人取得成绩，不是羡慕就是嫉妒。

事实证明，良好的学习习惯是成功的加速器。作为新时代的员工，在日常生活中应该培养良好的读书习惯，在日常工作中，应该培养良好的学习习惯。在工作之余，想方设法挤出时间多看书，闲暇之余勤于思考，多与同事交流，让学习成为一种自觉的行为习惯，保持这种习惯，会终生受益。培养良好的学习习惯是为了积累更多知识，牢固的专业知识基础有助于我们更好地展开工作。员工要在工作中学习，在学习中工作，这样才能不断地提升解决问题的创新力、敏锐的洞察力和积极进取的动力。

企业的发展和职场的竞争都在日益要求我们必须保持良好的学习习惯，才不会被淘汰。良好的学习习惯会提升我们的竞争能力，促进我们在实际工作中不断取得非凡的工作成绩。

5 好的学习能力源自于好的学习计划

在现代化企业管理过程中，我们的工作离不计划。按计划完成工作，可以确保工作任务的合理安排和如期完成。对于现代企业的员工来说，好的学习计划是培养学习能力的起点。任何一个平凡的岗位都是员工事业发展的基础，是提升人生价值的平台。如果，你在工作中总是懒散、敷衍，像和尚撞钟一样，过一天是一天，不好好规划自己的职业人生，那么你将在职场中必将日渐消沉，难以前行。好的学习能力是推动我们在职场前行的助力器，能在工作中好好规划自己的学习计划，无疑能让我们在职场早一点获得成就。

有位优秀的职场人士说，职场是一个人不断学习进取的台阶。事实上也是如此，作为职场人士，我们回顾职场成长道路：从初入职场，到成为

职场资深人士，从什么都不会的新员工到操作熟练的老员工，从普通员工到企业管理人员……我们会发现，如果能早一点规划自己的职业人生，能早一点做好学习计划，就能成长得更快一些。

因此，无论你是初入企业的新员工，还是在企业工作多年的老员工，无论你是普通员还是企业管理者，都应该早早落实自己的学习计划，不断提高学习能力，在工作中干出非凡的成绩，为自己的成功早一点做好准备。

殷伟伟是中国电信湖北襄樊传输局一名普通的维护人员，十多年来他却在这个平凡的岗位上做出了不平凡的成绩。曾先后荣获"湖北省五一劳动奖章"、"全国技术能手"和中国电信湖北公司运行维护先进个人等光荣称号，是在湖北电信、湖北传输持续开展"创建学习型企业争做知识型员工"活动中横空而出的一颗新星。

殷伟伟的成功源于他出色的学习计划和卓越的学习能力。他热爱自己的事业，踏实立足于自己的岗位，不管外界的环境怎么变化，他始终坚持自己的计划，坚定自己的信念，刻苦钻研，勤学苦练。在不断地学习和实践中，他练就了一手绝活，成为一名出色的光缆接续测试能手。

毕业于技校的殷伟伟深知学习的重要性。从进入岗位那天起，他就下定决心再次踏上学习的道路。他把学习视为一种使命，一种责任，一种追求。他说："当今社会是个必须不断学习，终生学习的社会，要活到老、学到老。"参加工作十余年来，他从未间断过学习，不管工作多忙，他都挤时间学习。根据自己的情况，他制订了很多行之有效的学习计划。按部就班地完成一个又一个学习计划，一步步实现了自己的理想。

十多年来，他不仅系统地学习力高中的基础课程，还参加了2000年的成人高考，并以优异的成绩被北京邮电大学录取。但他并没有满足于眼前的成就，2004年毕业他就报考了本科，顺利被华中科技大学录取，2006年6月以优异的成绩毕业。他说："学习是他最享受的过程，特别是看到自己的学习计划一个一个完成，特别有成就感。"

殷伟伟在学习过程中不仅注重计划，还注意理论联系实际，带着工作中需要解决的问题去学习，合理利用所学的知识解决实际问题，有效地提高了工作效率。他应用所学的理论与工作实际相结合，曾先后在《湖北电信传输》等刊物上发表了数篇技术论文，如《浅析光纤熔接机的维护和使用》、《关于“三缆同沟”光缆抢修方案的探讨》，为全省维护工作起到了较好的交流借鉴作用，受到好评。

殷伟伟经过十年的勤奋学习，终于学业有成，取得了非凡的成绩，这都归功于他有好的学习计划，从而在学习中锻炼出好的学习能力。其实，殷伟伟的计划，并不仅仅局限于学业，还包含了他的事业。他认真学习，准确地规划自己的职场生涯，工作才会方向准确，有条不紊地前进。如果说殷伟伟单纯凭靠自己卓越的学习能力，而没有良好的计划观念，很有可能事倍功半，如果顾此失彼，就不会有现在的成功了。

行之有效的学习计划是提高学习效率的阶梯。任何事情，只要能按计划进行，就能够出色地完成。如果做事没有计划，不分主次，工作就很容易陷入混乱，进而阻碍工作的顺利进行。学习也是这样，没有好的学习计划，就很难锻炼出好的学习能力。胜任一份工作最重要的就是工作能力，良好的学习能力能够帮助我们高效地提升工作能力，更快地干出非凡的工作成绩。

好的学习能力源自于好的学习计划。一个能按计划工作、学习的员工，无论是在工作中，还是在学习上都能始终保持积极主动的态度，能够把握进程，合理地完成任务。在企业中，我们每天都面对着不同的计划，每天都在按计划循循渐渐进地工作。当计划成为我们工作、学习的习惯时，能力也将得到快速地提升。

6

向比自己更优秀的人学习

在职场中我们只有不断向比自己更优秀的人学习，才能成长得更快，才能少走弯路。当我们进入新的公司，从事新的工作，面对新的工作环境，或是在工作中遇到一些这样那样的问题等等，这些对于我们来说都是挑战。面对这些挑战，如果我们能积极主动地向比自己更优秀的人学习，那么我们将能顺利通过挑战，快速成为胜任的员工。

比自己更优秀的人，都是在工作中具有一技之长的人。他们有丰富的工作经验，有过硬的技能和专业知识，在他们的指引下不仅能更快地解决问题，战胜困难，还能更快地找到通往成功的道路。每一个人都应该把比自己更优秀的人视为学习榜样，谦虚诚恳地向他们学习，这是在职场取得成功的重要因素之一。

俗话说："三人行必有我师。"在任何领域，任何企业，都有比你更优秀的人。善于虚心地向优秀人士学习，不仅会得到有效的帮助，还会有意想不到的收获。这样的帮助和收获有利于我们准确地分析问题，反省自己，从而做到扬长避短，不断地超越自我。向比自己优秀的人学习，是保持工作活力的催化剂，是不断更新，不断进步的动力，只有看到别人的优秀，才能发现自身的不足。唯有这样，员工才会受到激励，从而进一步发展，实现新的跨越。

王俊祥大学毕业以后，就在自己的家族企业里工作。父亲为了锻炼他的工作和人际交往的能力，安排他从销售部的基层做起，两年过后，他由于销售业绩突出，被提升为销售部主管。但是王俊祥并未停止学习，他知道，未来的日子里，他需要学习的东西还有很多，如果想要比自己的父亲更加出色，必须掌握先进的管理技术。

为此，他出国调研，想要看看发达国家，全球知名企业是如何管理的。在欧洲，他好不容易看到一家大公司在招聘仓库管理员，他便毫不犹豫地去应聘。仓库管理员的工作很辛苦，父亲觉得，现在自己的公司发展得很好，没必要再去受那个苦。他对自己的父亲说："我千里迢迢过来，不是观光旅游的，而是来学管理经验的。"

好在王俊祥比较聪明，他一边利用闲暇时间观察公司员工日常的工作状态，一边寻找学习、提升的机会。巧的是，王俊祥进入那家公司半年不到，公司有个女职员因为要休产假，空出来一个职位，他主动去经理面前推荐自己，说自己可以胜任那份工作。经理惊讶地看着他，告诉他，你只有一周的试用，如果不行，必须回到原来的岗位上。

王俊祥倾尽全力做好每一个的工作，一周以后，他很顺利地留在了那个岗位。从那开始以后，他就细心跟经理学习，每当经理决策一件事情，处理一个问题的时候，他都很详细的记录下来，并分析这样做的好处是什么，如果自己是经理，自己要怎么处理等。

在公司，王俊祥积极主动地学习，很快就掌握了很多管理方面的知识，私下里，王俊祥和经理的关系也比较好，这样更方便他像经理讨教一些"工作"上的问题。很多时候，经理都夸他爱学习。时间过得很快，当王俊祥感到自己的收获颇丰，打算满载而归的时候，经理告诉他，公司打算下个月升他为部门主管。王俊祥这才意识到，一年的时间已经过去了，看着自己电脑储存的各种管理资料，他觉得是时候回去了。

第二天到公司，王俊祥就递交了辞呈，临上飞机前他打电话给经理，告诉他，他要回国看望父亲，并不再回来了，谢谢他对自己的照顾。王俊祥后来说："学习很重要，也很关键，但是你一定要向比自己更优秀的那个人学习，而且还要脚踏实地地学。这样才会有进步。"

向比自己优秀的人学习，所学到的知识往往是书本上没有的，这些东西对我们职业的发展有很多帮助。只要员工坚持在工作中谦虚地向比自

己优秀的人学习，努力吸收更多的知识，就能有效提升自己的工作能力，抓住稍纵即逝的发展机会。

向比自己优秀的人学习，所学到的知识往往超越了书本上的理论，更接近实践，可以让我们地适应环境，提高自我。坚持在工作中谦虚地向比自己更优秀的人学习，努力吸收更多的知识和经验，有助于提升自己的工作能力，抓住难得的发展机会。

任何成功都是离不开不断地学习和累积的，向比自己更优秀的人学习，可以让我们飞跃得更快更高。在工作中，向比自己更优秀的人学习，是在不断地为自己充电，汲取别人的智慧经验，可以让自己在成长获得更多营养，健康成长。

一个骄傲自满的人，是不会发现身边比自己更优秀的人的，只有谦虚向上的人，才能发现身边比自己更优秀的人，并且向他们学习，让自己拥有非凡的学习能力，高效干出非凡的工作成绩。

第八章

一流的工作能力，让你成为一流的员工

员工的工作能力是员工在工作过程中，不断学习和实践，逐步培养而成的。一名员工，只有不断提升自己的工作能力，才能创造出卓越的工作成绩，显示出超强的工作水平，成为企业不可或缺的员工。

1

自信的员工都是“工作超人”

自信是一个优秀员工必备的素质，它能够使你获得超强的工作能力，做一个“工作超人”，如果拥有了自信心，没有任何敌人是你打不败的，没有任何一场战争是你赢不了的。自信的人在自己的心目中，你是一个名副其实的超人；在同事和领导的心目中，你也早晚会成为一个名副其实的超人。

虽然自信心需要从小培养，但也不是长大了就无法获得的。与自信相对的就是自卑，自卑的人只要鼓起勇气，不否定自己，意识到自身的价值，积极主动地参与到工作中，时时刻刻积攒自己的小成就，不断提示自己说“我真棒”，就一定可以克服自卑，拥有自信。每个人身上都有优点，譬如善良、真诚、谦虚、敬业、体谅他人等等，只要我们发现自身的这些优点，并善加利用和培养，它们就可能成为我们事业成功的动力和基础。

洛克菲勒说过一句话：“自信是成功之父。”无数的名人志士都承认自信的力量，自信能够让一个人从心底里升起源源不断的能量，促使自己争取成功。自信就是你对自己的正面肯定的客观认识，是通过你对自己身心的调节所达到的一种状态。你相信自己能行，就能够按照自己的心理期望选择自己要走的路，一路上披荆斩棘，把所有的困难和障碍都当做是对自己的磨砺。自信的人不但能够让自己宽心，还能让别人放心。而一个不自信的人，在接受工作任务时，不但自己心里没有底气，还会让交给你这项任务的上司难以给予足够的信任和支持。

在工作中，如果你想得到别人的肯定和认可，就要相信自己。只有在

自信心的指引下，你才能胸有成竹，势在必得。没有了自信，低估自己的实力，失去了强大的气场，做出错误的决定，你就只会一事无成。

曲振兴离开教师岗位已经很多年了，但是当年他所做出的错误决定还是让他一想起来就懊恼不已，后悔自己当年那个不自信的决定。

曲振兴毕业于师范学院，成绩很好，所以一毕业就直接找到了一家重点中学任历史教师。那时的他刚刚走出校园，信心满满，意气风发，下定决心要做一位出色的历史教师，培养桃李满天下。

刚来到这所重点中学时，曲振兴被安排去教初中一年级的世界历史课。因为学历高，所以大家都对他刮目相看，教研主任对他也很重视。对于这份工作，曲振兴本来很有自信，因为他在学校里就是品学兼优的好学生，专业知识基础牢固，还在学校里发表过好几篇专业论文，在学校的试讲中也取得了很不错的成绩。可是第一次面对着这些顽皮的初中生讲枯燥的历史学，他才发现并没有自己想象的那么简单。每一个学生都把历史看做是一门死记硬背的学科，一变换问题或是需要这些学生进行总结，在课本上找不到现成的答案，他们就不知如何应对。另外，教学生是一个互动的过程，需要曲振兴抓住学生的心理，及时发现学生中存在的问题，这也是一个刚毕业的学生所不具备的。尽管一直有老教师指点曲振兴，可他还是找不到窍门，感觉这份教师的工作越来越难。

因为一直没有掌握教育工作的要领，曲振兴在工作上的成绩平平，反倒成了拖累团队的落后分子，这引来了一些同事对曲振兴的议论。他开始怀疑自己是否适合这个职业，甚至产生了辞职的念头。于是，他在工作中开始变得不那么积极，也不再努力钻研，有时还会忘记自己上课的时间。

一年过去了，他并没有取得显著的进步，因为缺少了成功的信心，曲振兴越来越意志消沉，再也没有了当年的意气风发。虽然领导一直鼓励他，可他还是提不起工作的劲头。没过多久，身心疲惫的曲振兴就向校方递交了辞职申请，离开了这家别人梦寐以求的学校。后来，他又辗转了几家学校，但每次都因同样的问题而选择离开。

现在曲振兴已经不再做教师了，在事业上也没有什么成就。

从曲振兴的故事里，你可以看出他的专业知识、能力都不差，甚至优于很多人，但面对工作上的困难，他越来越消极，不相信自己能够胜任教师的职位，没有主动积极地提升自己的教学能力，所以也就不会把自己的教学工作做好。

在工作中，自信决定着一个员工的工作能力。有自信的员工敢于尝试新的东西，勇于坚持自己的选择，在困境中能够始终自我激励，并开动脑筋想出走出困境的办法。在锲而不舍地尝试中不断激发自身潜能，不断地挑战新的工作难度。自信能够让一个员工拥有更强大的心理素质，能够承受自己的失败，并在失败时找出原因，进行总结，以使自己不断进步，将工作做得更好。

2

第一次就把工作做到位

"第一次就把工作做到位"，显示了员工对待工作极度认真负责的态度，受到越来越多企业和成功人士的重视。第一次就把工作做到位，意味着员工在工作中的返工率会降低，是高效工作的基本指标。员工个人和企业整体工作效率不断提高，是提高竞争力的重要方法，这种人力效率上的差距，绝不是简单的加减关系，而是乘积关系。

现实生活中不缺少口若悬河，滔滔不绝讲大道理的人，真正缺乏的是能够踏踏实实的一次就把工作做到位的人。在企业中，总是有很多"差不多"先生，他们把事情做得差不多就停止了，认为反正人是会犯错误的，犯

了错误就改正嘛，一次改不对就改两次。就是在这样的思想指导下，工作的效率才被人为地降低了，一份简单的工作重复了几次才做好，既浪费时间又浪费精力。

员工不能一次性把工作做到位除了降低了员工的工作效率以外，也会给企业的长期发展带来不可预估的负面影响。比如生产工人工作得不到位，会使一批产品统统报废；建筑工人工作得不到位，会给一栋建筑带来安全隐患；领导下达的命令不到位，会使执行命令的人办错事；食品安检做得不到位，会使问题食品流入市场，威胁人的生命安全；媒体传达的信息不到位，会给群众造成恐慌等等，这些都体现了工作不到位而造成的危害性。所以，实现工作零失误，一次将工作做到位，渐渐成为各行业努力追求的工作标准，特别是对于特殊领域的员工来说，出一点差错就会酿成很大的事故，于人于己都没有任何好处。

有很多人都会以自己的工作量大而将工作做到位看成是不可能完成的任务，为了赶进度匆匆忙忙地开始工作，结果却越忙越乱。刚完成这项工作，正要继续下一项，却发现上一项工作的错误，又要回过头去解决，所以在忙中老是出乱子，还不如第一次就认真仔细地把工作做到位，做一项保证一项，比不断花费更多的时间和精力来改错要好得多。

如果你不能把工作在第一次就做到位，那么，辛苦忙碌的价值总是会大打折扣。工作任务虽然繁重，但是让大家“忙起来”是要让你创造价值，而不是忙着改正错误。有时候，工作就像是织毛衣，一件好看结实的毛衣需要每一针都环环相扣紧密相连，如果中间有一针错位，就只能将前面已经织好的部分再拆了重新织，否则这件毛衣即使织完，也不会穿太久就会脱线，莫不如在织毛衣的过程中，一丝不苟地将每一针都织到位。

詹明朗在一家电机修理行工作已经三年了，他称得上是个很有经验的大工。他修电机的速度非常快，同样的工作别人要做一天，而他半天就可以完成。所以，在这家电机修理行，老板视詹明朗为左膀右臂，非常器重，小工们也视他为师父。

有一次，这家电机修理行接到了一笔大生意，一个厂里送来了五台电机需要修理。老板就将这个任务分配了下去。在别人都忙得焦头烂额时，詹明朗却表现得很轻松。其他工人都很佩服：不愧是老师傅了，修起电机来又快又好。

而詹明朗也很高兴，他自信自己的手艺是一步到位的，根本不用再次检查。他空闲下来就给小工们指导一下，或者就找人闲聊。

预约好的一周的时间到了，那个送来五台电机的工厂来取电机，老板赶忙配合着，试机器，把机器装上车。可是，让大家都没想到的是，在测试詹明朗所修的电机时，插上电源，电机竟然没有反应。当时老板的脸色就不好看了。詹明朗也着急了，赶忙拆开机器，查看缘由，一打开，发现有一个零部件没有安装，他也是丈二和尚摸不着头脑，连忙去找所需的零件，却发现恰好修理行里没有那个零件了。于是，老板只好同来取电机的人解释说这台电机需要换一个零件，希望他们能晚一天再过来取。来取电机的人虽然很不满，却也没有其他办法，就很不高兴地离开了。

其实，这个小错误只要在工作的时候细心和谨慎一点，或是按照修理规定在修理完了再检查一遍就完全可以避免。詹明朗以为自己是老员工，就不按照修理规定工作，且马虎大意，没有一次就把工作做到位，结果惹了这么一场乱子，实在是很不应该的。

要想把工作做好，就需要不断提高自己的工作能力。也许你在一个领域里已经小有名气，但也不应该因而就疏忽大意，犯下一些低级错误，只有时刻鞭策自己，严格要求自己一次就把工作做精做细、做到位，才能让自己始终保持高效率、高水准的工作水平。上面故事中的詹明朗是一个有经验的老师傅了，却没有在第一次就把工作做到位，既影响了自己的工作水准又影响了自己所在的修理行的名望。

第一次就把工作做到位，是一个非常好的工作习惯，也能够体现出一个员工优秀的工作能力，而更重要的就是能够为自己的工作业绩加分。想要把工作做好，就应该确保保质保量地完成工作任务，只有第一次就把工作做到位，才能避免使工作任务进行二度修改，也就能够节省工作时间，从而提高自己的工作效率，给自己所在的企业创造更高的效益。

3 每天都多干一点点

在工作过程中，许多员工总会考虑：我能从这份工作中得到什么？而事实上，一名优秀的员工会时时在心里问自己：面对工作，我应该如何去做？当一个员工持第二种想法做事也就更能把自己的工作做好。时刻想："我能做什么，能付出什么？"这就会使你在自己的职责范围外多做一些事，比你的上司期待得做得更多更好，足以让他给你提供更好的工作机会，让你在更宽阔的领域崭露头角。

如果我们在工作中觉得自己的职责就只是做好自己分内工作，是远远不够的，完成工作 是员工的基本职业，而如果你每天都愿意在自己的职责范围外多做一点，那么勤快、聪慧、乐于助人等等都会成为别人对你的称赞。一个具有勤劳好学的品质的人，总会得到人们的认可，他们会更愿意给你提供额外的工作机会，帮助你更快地提升工作能力。对自己的工作热情、主动、积极的态度，能够让一个人的反应更加敏捷、做事更加有效率。如果你能够做到面对工作，"每天都多干一点点"，那么你就开始与众不同，开始比别人更有优势，并且在做得更多的过程中，锻炼了自己的能力。

每天都晚一点下班，对自己一天的工作做一下总结，看看有哪些没有处理好。每天都早一点到公司，简单地打扫一下卫生，整理一下心情，对一整天的工作做一个计划，当其他人睡眼惺忪地坐到办公桌前，你已经提前以一个良好的心态开始了一天的工作，你把工作做得比别人好也就顺理成章了。同时，一个能不畏辛劳，不在工作中斤斤计较的人，总能够得到上司和同事对你的认可和赞许，给别人留下一份好印象。

每天多干一点点工作，除了能够减轻我们日后的工作压力之外，其实也让你得到多一点的学习的机会，这对于员工来讲无疑是一举两得的事情。

如果你的上司提交你一项不属于你的工作范围的任务，不要以那不是你的工作为由而拒绝接受，挑战一下自己有什么不好呢？你的机会就隐藏在每一个问题里，你的奉献会让更多的人记住你，并愿意在适当的时机给你提供帮助，让你的价值得到发挥。也许，你的初衷只是帮一下忙，却往往收获得更多。

想拥有超强的工作水平，进而在自己的工作领域大展伸手的员工要记得时时问自己："我能为这个公司做什么？"有很多人觉得，不属于自己的那份工作没有任何去做的必要，因为本就不是你的职责所在，如果多做一点，做对了还好，做错了就难堪了。其实，多做的一点工作并没有你想象中的那么难，而且被老板看在眼里也会大大增加对你的好感和认同。所以，不要抱着只守住自己的一摊工作，超出自己范围的力所能及的小事也不肯帮忙的想法，在工作中需要你每次都多想一点点，多做一点点，日积月累下来你就可以发现自己的付出有了回报。

一些刚刚开始工作或是刚刚开始创业的人，更需要你每天都多想一点，多做一点。只有多做一点分外的事，你才能了解其他的工作，培养自己多方面的能力。通过这种方法，你就不必一直守着自己没有前途或不适合长期做下去的工作，顺势而为，顺势发展，跨界也不是什么难事了。

每天多做一点点工作，很可能不能一下子就见到成果，这时你要相信水滴石穿的道理，付出就一定会有回报。你所做的就算老板看不到，也还有好多人会看到。假如从一个单位辞职，准备自己创业，那么你在工作中所多做的那一点分外事，多付出的那一点努力也会给你很大的帮助。所以，不要气馁，坚持下去，那个回报会悄然降临到你身边，让你大喜过望。

每天都多干一点点，表面上是在为别人做事，实际上是在为自己积攒能量。从多干的那一点工作中扩大自己的知识面，提升自己的能力，还能给别人留下敬业奉献、责任心强的好印象，实在是很合算的投入。如果你想拥有超强的工作水平，就开始让自己每天都多做一点点吧！

4

做事不积累，能力提升慢

面对自己的职业生涯，很多人感到很迷茫。想要一份更好的工作，却没有那么高的学历；想要自己创业，不再受严格的制度约束，却又没有经验和人脉。社会的竞争如此激烈，工作压力又大，真不知道自己应该怎么开始一份工作，怎么坚持下去。刚毕业的人会想，我总不能为了生计就做那些打杂的工作吧？在一家很不错的企业工作了一段时间的人也会琢磨，这份工作什么时候能做到头儿呢？真的要打工打一辈子？

几乎每个人都曾经在这个问题上纠结过。纠结的结果是一部分人在工作中慢慢寻找到了自己的价值和目标，一部分人则始终没有找到答案，于是在消沉的情绪中把工作当成生计，当一天和尚撞一天钟。

其实，一个人立足于职场上并能够有番作为，凭借的不是你现在的学历和经验，而是你敬业的态度和未来的经验和见识。眼高手低，不能从基层做起，想一步登天，这都是痴人说梦。现在企业看重的是一个人的经验，很多企业都在招聘信息中明确写到“无相关经验勿扰”，那么经验是怎么来的？它当然不是天生的，你没有踏入一个行业，就是零经验；你踏入这个行业的时间短，经验就少。经验的积累需要一个过程，在没有任何积累的时候，你就不能挑剔工作，只能选择在一个岗位上让自己的知识、技能、经验、阅历得到积累，只有积累了，你的工作能力才能得到提高，让你受到重视，得到重用，才能让你把自己的工作做好。

有一个长跑运动员，他在2010年坚持从陕西咸阳步行走到了河北承德。经过长途跋涉，他终于神清气爽地到达了终点。他的壮举让身边的人震惊，他的亲人都为他感到自豪。于是，就有人问他，一路上遇到了什么困难？是否有什么让他感到了害怕？他又是如何做到坚持下来的？

这个长跑运动员回答说：“走一步路是不需要勇气的，我所做的就是走一步算一步，从未想过离终点还有多远。我先走一步，再走一步，再走一步，就这样我来到了这里。”

“不积跬步，无以至千里，不积小流，无以成江河。”一步加一步你才能走得远，一条小溪加上一条小溪才能汇成江河。你想要提升自己的能力，也要像这个运动员那样，注意积累每一步的价值。认认真真地做好每一份工作，兢兢业业地完成每一天的工作，从每一份工作中进步1%，你的能力必然就会不断提升。

美国ABC晚间新闻的主播彼得·詹宁斯在当了3年的主播后，突然决定要辞去这份令人羡慕的工作，而要到新闻的第一线去当记者。他的这个决定让许多人丈二和尚摸不着头脑，不知道他怎么要做记者这样辛苦又危险的工作，做主播多好啊，风吹不着，雨淋不到的。但他坚持要到一线当记者。他认为，自己的经验不够，没有一线的磨砺就不能很好的把握人物心理和新闻事件，也不能有一个很好的沉淀，没有沉淀的自己就是不成熟的自己。

在新闻第一现场，他报道许多不同线路的新闻，还是美国电视网中第一个常驻中东的特派员，后来做欧洲地区特派员。经过一线的磨砺后，他才重新回到了新闻主播的职位上。也正因为他在一线的积累，使得他的节目更加受人欢迎。

彼得·詹宁斯意识到自己的不足，毅然放下高薪的职位，转入新闻一线做记者。是因为他知道让自己在职位上做得更好，需要的是积累。

不管你从事哪个行业，积累都是十分重要的。你想要在某一行出类拔萃，就要沉下心潜伏，放下顾虑，埋头在工作岗位上踏实地做几年。时不时就跳槽不是什么好事，只会让你的努力付诸东流，刚刚积攒下的经验都白费了，实在称不上明智。

俗话说：“不能一口吃个胖子。”意思就是，人的进步要靠一点一滴地积累，没有谁的成绩是一蹴而就的。金字塔不是一天就垒成的，一个员工的工作能力也不是一天就能够提高的，想要提高自己的工作能力，就要不断地在工作中总结出有益于工作的经验和教训，时时反思自己的不足之处，当我们在工作中积累的经验多了，工作能力自然就会得到提升。很多

人之所以“资深”，不是他比你聪明能干，而是他在工作实践中更善于总结和反思，积累的东西要远远超过你。你想变得不平凡，就得靠长年累月的积累。

在工作中，有一些人因为看不到成功的曙光，所以半途而废，把已经积累下的经验阅历都放弃了，实在是很可惜。还有一些人，也做了很多事，却不善于积累。做了就过了，以前犯的错误现在还在犯，以前不会的现在还是一知半解，这样也不是一个好的工作方法，其结果就是无论你做一个行业多久了，都不能有所提高。

做事不积累，能力提升慢。要想在工作中表现出色，就要注重平时的积累。

5

借口若比方法多，能力就会被削弱

找借口是一种非常不好的行为习惯。许多人就是因为在工作遇到问题的时候喜欢找借口，不积极寻找解决问题的办法，造成工作止步不前，不能有所进展。喜欢找借口的人总会把自己不能完成某项工作的理由说得冠冕堂皇，或是直接归咎于他人和客观因素，从不从自身找原因，更不会承认自己犯的错误。这样的人不但不会受到上司的重用，在工作中也很难得到工作伙伴的信任。如果在工作中，借口若比方法多的时候，就算你的自身素质再好，也难以在工作中发挥出自己的实力。

为什么许多人喜欢找借口呢？借口能够让自己规避一些力所不及的工作，避免承担失败的责任，“顺理成章”地把某项工作拖延下去，在有限的办公时间里多做些个人私事……这样下去，上司交给你的任务就少了，你就变得清闲了。可是，上司聘用你在这个职位上的目的是什么呢？如果你不能胜任这份工作，总是对上司滔滔不绝地讲着你不能完成一项工作的原因，逐条逐项地分析完成这项工作的难度，你还有什么价值呢？上司比你要清楚这项工作的难度，他把你安排在这个职位上，就是要你克服困难，找出解决的方法。

想要让自己的工作能力得到提高，就不要允许自己在问题前面找任何借口，相信问题和方法就像是锁和钥匙，虽然这个房间上了锁，你却可以从口袋里摸出钥匙，打开房门。另外，锁只有一把，钥匙却可以配制成不同的形状，虽然表面上看起来不同，却都能够打开那把锁。也就说，一个问题不只有一个解决办法，只要你肯找，总是可以找到的。

钱武学出生在四川一个农村家庭，从小家里生活条件拮据，因此初中毕业后他就迫于生计外出打工了。刚开始的时候，他应聘到一家房地产公司做业务员，没有底薪，不包吃住，做成一笔生意按提成计算薪水。他上班的第一天，老板对他说，"凡事不要找借口，要找方法。当你的借口多于找方法，你就可以离开了"。他虽然不是很明白，但也记在了心里。每天上班他都劲头十足，每天早出晚归地出去发宣传单，可是发出去的单子越多，受到的白眼越多，心里的失望越大。三个月过去了，他连一单生意都没有做成，这让他感到很沮丧，工作的劲头也开始减弱。与此同时，他周围的同事都在议论说这个项目不好做，还有的人说这个行业不适合自己发展，更有人做不下去干脆离职到新的公司打拼了。钱武学感到很迷茫，不知道自己是要跟着同事一起离职，还是继续留在这里。这个时候，他猛然想起来第一天上班时老板对他说的那句话"不要找借口，要找方法"。他默念着这句话，心想老板一定是把他多年工作的经验说与他听，于是决定再给自己三个月的时间，如果还是没有生意的话，再另寻他路。

在未来的日子里，钱武学慢慢地总结自己的不足，主动找出改善的方法。他发现自己的讲解不是很到位，就决心将写好的讲解词一字不落地背下来；他发现自己的态度不够亲切，让客户有距离感，就每晚对着镜子练习微笑，努力为客户提供最满意的服务。就这样，钱武学在一点一点摸索方法的过程中，业务渐渐多了起来。终于有一天，他的客户找到他，他给客户详细讲解了

楼盘的信息，并且帮助客户选择了两套位置最好的公寓，同时，也做成了自己第一单生意。

钱武学在工作中始终贯彻了“凡事不找借口，而是找方法”的心态，没有像其他同事那样在困难面前编造种种安慰自己的借口，并选择逃避退缩。这就是一个优秀员工应该具备的，承担起责任才能让自己成长。不停地找方法，你可以在解决问题的过程中提升自己的工作能力，不停地找借口，只能让你在消极懈怠中削弱现有的工作能力。

优秀的员工从来都不会在遇到困难和障碍时，找借口来逃避责任，找理由来逃避责罚，他们会尽自己的全力找出方法，完成公司交给他的任务。如果条件不成熟，他们就会创造条件；如果人力不足，他们就会找同事或朋友帮忙；如果缺乏基础，他们就会在之前做好铺垫。这样的员工一定会成为上司的左膀右臂、得力助手。善于找方法的员工可以从众人中脱颖而出，尽快让自己的羽翼丰满，可以为自己争取到更大的发展空间和更多的发展机会。

6 知错就改的人才不会落后

在生活和工作中，人们犯错误在所难免，每个人都有因为这样那样的原因造成失误的经历，但是如果能知错就改，是对错误最好的补救。犯错误虽然是难免的事情，但是逃避和推卸责任，却是不可原谅的行为，我们应该找出犯错的根源，并加以改正。只有这样才能保证自己以后不会犯类似的错误，并从中获得促进我们进步的经验和教训，否则，就会落后于人。

知错就改，是一个人有较高品质素养的表现。如果在职场你拥有这样的品质素养，那么你一定可以成为企业的支柱或最优秀的员工。在工作中出现了错误，不仅能够自我批评，还能接受领导的批评，并能及时改正错误的员工，一定能够在工作中快速成长，快速进步。

知错就改的人才不会落后，承担因错误引起的后果，是需要极大的勇气和责任感的。一个敢于承担责任的员工，一定也具有善于发现错误的能力。及时地发现错误、改正错误，会让我们的工作有一个臻于完美的结果。

俗话说："百密一疏。"在实际工作中，哪怕是微小的错误也将影响到我们整个工作的进程和质量。如果我们做不到知错就改，可能会导致自己辛苦完成的工作前功尽弃。现代企业都在纷纷提倡"零缺陷"管理，但是"零缺陷"并不是说一点错误都不容发生，其更重要的一层意义是，将错误的损失降到最小，甚至归零。知错就改不仅是一个人的品质素养，还是企业发展的需要。

知错就改，还是一种积极的工作心态。很多时候我们已经很细心了，但是还是在某一项工作中出错，这时我们应该怎么办？有的人会任其错下去，以至错上加错，本来极小的错误被扩大成了重大错误，不仅影响了工作的效率，给企业带来损失，还会因此而失去工作。但是，有的人会积极地寻求改正错误的方法，不仅有效地完成了工作任务，挽回了不必要的损失，还会留下好的口碑，为自己赢得别人的认可和信任。

在工作任务中发现错误的能力固然可贵，对待错误的态度更重要。发现了错误，有些人就将错就错，因为改正起来需要浪费大量的人力物力，或者等于重新做一遍，这时通常就会权衡利弊，而不进行改正。然而，这种失职的行为，常常会给我们的工作带来负面影响，特别是一些涉及人身安全的工作项目，带来的隐患非常巨大。所以，对工作要从长远出发，知错就改。

总结犯错的原因，是知错就改的前提，有助于提高我们的工作能力，促使我们在工作中不断进步。仔细分析造成工作失误的原因是一时的粗心大意还是自己已经养成了坏的工作习惯？如果是粗心大意，记得下次一定要认真，但如果是自己习惯性犯这样的错误，就要认真检讨一下了，必要时应该做好记录，提醒自己要对此进行重点检查。另外，在工作中碰到因为别人的原因造成的错误，不能甩手不管，应该主动配合工作，找出

问题所在，及时阻止错误带来的损害，这样会改善团队的工作能力，取得团队共同的进步。

优秀的员工会从自己的工作错误中吸取经验教训，而也有一些员工只会对自己犯下的错误进行否认或掩盖。当上司或同事指出你的错误时，要真心感谢，虚心请教，并加以改正。如果与上司或同事的想法有异，可以真诚地进行沟通，不要对他们的指正视而不见，甚至认为他们是在故意挑刺儿、找茬，这样想既不利于团队的团结协作，更不利于自己的发展进步。

人非圣贤，孰能无过？过而能改，善莫大焉。这句话的意思是没有人不犯错误，但是如果能够在犯错之后进行改正，就没有比这更好的事了。历史上有滥杀无辜的晋灵公，虽然在大臣进谏时承认了自己的过错，并说一定改正，事后却明知故犯，仍旧残暴无度，最后被臣下刺杀。也有初登基时只顾玩乐、不理朝政的楚庄王，在大臣的劝谏下改正了自己的错误，认真处理朝政，终于使楚国强大起来，他自己也位列“春秋五霸”之一。

作为新时代的员工，我们应该深刻理解知错就改的意义，从中得出感悟，为自己的职场人生赢得更多机会。上述两个例子，也是在告诫我们知错就改，不要明知故犯。因为明知故犯，不仅不能阻止错误的反复发生，还会让我们形成犯错的习惯，造成非常严重的后果，我们应该引以为戒。

知错就改是一个历久弥新的话题，但凡成功人士对这句话都有深刻的理解，并在自己的事业中认真践行，才使得自己在职场不断进取，才不至于让自己落后。知错就改，你犯的错误就会越来越少，阻力也就随着相对减少，不要因为犯错就放弃继续前进的脚步，只有勇于承担错误、改正错误，你才能把工作做得越来越出色。

第九章

对现状永不满足，你会将工作干得更完美

员工在工作中如果没有更高的目标，满足于眼前的成绩，就很难做出完美的工作。换而言之，完美的工作取决于员工对自己高要求、高标准和永不满足的工作态度。因此，员工要想在工作中创造出完美的工作成果，取得优异的业绩，就要摒弃容易满足的恶习，不断为自己制订更高的工作标准和要求。

1 没有干不好的工作，只有不好好干工作的人

对于员工来说，工作既是不同的，又是相同的。不同点在于由于分工不同，员工的工作内容和工作目标不同，而相同点在于只要是工作就都可以被完成。没有干不好的工作，如果你不能胜任目前的工作，只能说明你不够尽心尽力或者就是没有找到正确的工作方法。

想一想你每天是如何完成自己的工作的？每天踩着上班的铃声到公司，收拾办公桌，吃早餐，与同事聊一下昨晚的球赛或说一下自己买的新衣服，然后想一下自己今天应该做什么工作，散漫地开始，拖拖拉拉地做到下班，提前半个小时收拾东西，一到下班的时间迅速走出公司大门……这就是许多上班族的工作安排。仔细琢磨一下，你现在做的工作有挑战性吗？如果上司突然交给你一项你从未接触过的工作，你会怎么样？你是否因为自己不能胜任某项工作而头疼不已呢？如果员工不能很好地胜任自己的工作，又不愿意从自身找问题，他大概永远都不会知道为什么其他人可以把一项工作做好，而自己却不能。为什么别人敢接受更高的职位，自己却没有这个底气。

只要你努力做了，工作上就没有不能解决的难题。反之，每天上班随大流，盲目地进行工作，你的工作就会处处受阻。当工作不尽如人意时，不要说自己没有那个工作的能力或者不具备某项技能，没有人是天生具备过人的才能的，你不好好工作，又怎么能够获得工作所需要的技术和能力呢？不要给自己的工作能力设限，不要对自己没有信心，不要相信你的对手对你的轻视和讽刺，你只要坚持，努力工作，一定可以在工作中取得

成绩。

张伟是北京巴布科克·威尔科克斯有限公司的一名电焊工。从2007年到2011年，他屡次在职工技能大赛中夺得焊工第一名，又在首届中德职工国际焊接对抗赛中为祖国赢得了荣誉。此外，他还是一名全国五一劳动奖章获得者，2011年在北京市举办的“百万青工 岗位建功”行动电焊工大赛中荣获金奖，并获得了高级技师职业资格。

然而，15年前初到北京的张伟，只是一名再普通不过的只有初中文化的保安。1997年，他从河北容城县来到北京做保安员，因为没有一技之长心里感到不踏实，所以他就在巡逻的空当向工人师傅们学习技术。正巧在2000年，公司要在合同期满的保安员中挑选“苗子”，他通过选拔从30人中脱颖而出，之后经过3个月的培训，顺利转入燃烧器车间电焊段工作。靠着自己的努力和付出，张伟从一名公司的临时工，正式成为了公司的技术人员。

但是，任何一种职业都是入门容易，但想要把这个职业做好做精却很难。尽管张伟勤劳肯干，技术提升得很快，可是公司对工人焊接技术的水平要求也越来越高。面对这种情况，张伟并没有轻易放弃，他主动提出要再进入焊接培训中心学习另外两种焊接技术，可是当时车间生产任务特别多，他只有完成了大量的生产任务才能去参加培训。于是，他决定在下班时间参加学习，这就意味着他每天都会很繁忙。

面对着繁重的工作任务和每晚的学习任务，他并没有退缩，并告诉自己一定要成功。他利用休息时间抓紧学习，刻苦练习焊接技能，有不懂的就及时向老师请教。最后张伟终于掌握了那两种焊接技术，成为了车间里屈指可数的全能焊工。

张伟只有初中学历，家庭也并不富裕，而且是半途学起的焊工技术，却把工作做得出类拔萃，远远超过了很多从事时间很长的专业技工。从他成功的经历中，我们领悟到人的潜能要远远超出自己的想象，任何一项有难度的工作，员工只要尽力都可以做好。

还有一部分人确实勤勤恳恳地坚守在自己的工作岗位上，默默付出，任劳任怨,却没有很好的工作业绩,他们的工作常年都平稳地保持在一个水平线上。因为自己在工作中无所作为,很多人会自暴自弃,索性承认自己无能或认为自己是命中注定如此。其实,除了认真负责的敬业精神,你更需要找对工作的方法。优秀员工都是善于找方法的人,他们都深信,凡事总会有办法解决,而且还总有更好的办法。当面临工作上的困难,他们会积极主动地寻找问题出现的原因,并针对原因寻找解决策略,绝不会规避推脱或躲闪,甚至在失败后为自己找借口。

有一个叫彭则宇的男孩,他很喜欢弹吉他。高中毕业后,他便买来吉他自学,但是他一直都弹不好,于是就去专门教人弹吉他的店里向老师学习,可是,他还是弹得一塌糊涂。他说:"自己的手指太短了,所以不能很好地控制弦。"每次他都只能弹那些最简单的入门曲子。有一次,当他再次找借口时,他的老师毫不客气地打断了他,说:"别再找理由了,你弹不好吉他,就是因为你不练习,又不善于总结方法。假如你好好做,把我告诉你的方法都记牢了,你就不会这样讲了。"

听了老师的话,彭则宇感到很惭愧。从此以后,他一发现自己的错误就立马想尽办法纠正。他还将这种思想应用于自己今后的学习和工作中,他要求自己要比别人更努力,还要时刻总结经验教训,不断寻找更好的方法提升自己。

由于彭则宇的努力,他渐渐成为了当地小有名气的吉他手,也在自己的事业上取得了不小的成就。

干好工作,需要员工积极寻找方法,在工作实践中不断提升自己,这样的员工是职场中的稀缺资源。只有一个不给自己找借口的员工才能勇于挑战困难,才能有一个更高效的工作方法,才能为企业创造更直接的经济效益。

2

荣誉属于对工作永不满足的人

工作中，你是否经常听到这样的话："这样就可以了"、"差不多就行了"、"能做到这样就不错了"……

如果你稍加留意，就会发现在工作和生活中，说这种话的人无处不在。有句话说："工作如逆水行舟，不进则退。"不错，只有对工作永不满足，一直寻求更高的工作标准，你才能在工作中获得提升。如果你甘于现状，不想学习更多工作中的内容，更不想攀登到工作的更高层，那么，你就只能一直处在这个职位上，所有的荣誉都与你无关。如果你满足于自己现有的知识和技能，不随着时代的进步和公司的发展而做出改变，积极主动地通过学习更多的业务知识来武装自己，寻求个人的进步，那么，不断发展的职场很有可能让你出局。也许你对现在工作中的业绩很满意，甚至沾沾自喜，但是科技日益创新，人才也层出不穷，取代你的那个人随时都会出现。不能让自己落后于人，不能满足于目前的小小成就，不能做那只在树下睡觉的兔子，让乌龟跑到你的前面。所以，放弃你贪图安逸的想法，不要随便说"差不多就行了"。唯有如此，你才可以做得更好。

有一个年轻人叫杜新超，他从职业学校毕业后到了一家影楼做摄影师。他的工作职责是根据顾客的要求和自己对美的理解为顾客拍写真或婚纱照。现在，他是这家影楼知名的摄影师，许多人都是慕名而来，点名让他为自己拍照。

说起现在的成功，他非常感谢当年带他的师父。原来，在来这家影楼工作的第一天，负责带他的师父就让他用四天的时间拍出一组照片：去城市最繁华的商业区抓拍人物。这一组照片所表达的主题，以及拍摄背景、拍摄手法和角度等等都由他自己决定。杜新超在学校是专学摄影的，平时又很喜欢拿着照相机到处拍照，所以师父交给他的活儿一点都不难，他满怀信心地在繁华的商业区流连一下午，下班前就交上了这组照片。

师父看了看他所拍摄的照片，并未做出任何评价。只是问他："这是你能拍到的最好的了？"杜新超犹豫了一下，仔细一想，确实不是最好的，可以把人物的表情拍得更精细。于是，他把自己的照片拿走，说："我再试试吧，可能会做得更好。"

这样他又去了那个商业区几次，寻找更符合主题的人物，把照片拍得更漂亮更动人。可是，每一次，他把照片带回来，师父都会问他："你觉得这是最好的？"杜新超每次都把自己的作品拿回去琢磨，每次都能发现问题。师父给他的四天期限到了，他在下班前将自己认为已经很不错的最后一份作品交给了师父，师父这次仍然问他说："你真的确定了吗？这是最好的？"杜新超回答师父说："这份比前几份好，应该是最好的了吧。"

一眨眼，两年过去了，杜新超已经成为了一位很成熟的摄影师，在这家影楼也算是很资深的摄影师了。他当年的师父准备离开这家影楼了，临走前，他的师父把他叫过去，拿出了杜新超刚来这家影楼时拍摄的那组"最好"的照片。可是，当杜新超看着当年自己拍摄的那组"最好"的照片时，他发现这组照片不但不好，还有很多缺陷。

看着杜新超满脸失望的表情，他的师父意味深长地对他说："其实根本就没有什么是最好的，相比于前一次，只有更好的。如果想要做到拍得更好，只有不断地推翻以前的自己，重新拍摄。不要满足于现在的成绩，你可以做得更好，努力吧。"

杜新超的故事说明了一个道理：对于工作成果来说，没有最好，只有更好。永远都不要认为你做的是最好的，只有不满足于眼前的成绩，才能做得更好。

职场上，有很多人凭借个人实力做出了非凡的成绩，甚至曾经是某个领域的元老。但是到了一定的位置之后，就开始想要安逸，满足现状，甚至居功自傲，开始享受。或者说自己的地位和职业素质已经达到了顶端，没有继续学习和锻炼的必要了。

如果你满足于现状，长此以往，懈怠的心理就会慢慢滋生起来。自己

闭着眼睛就知道怎么做的工作还有什么乐趣可言呢？“既然无需前行了，那就这样吧。”你心里这样想着，在工作中就很容易以过去的经验去做工作，可是，每一份相似的工作都有其不同点，用一个模子做事怎能不犯错误呢？

海尔的首席执行官张瑞敏说：“我们的产品应该‘零库存’，我们的成功也应该‘零库存’。”工作中，就是应该以“零库存”的心态去对待成功，不因过去的一点成绩而沾沾自喜、故步自封，才能一直进步。

在中铁一局新运公司杭州地铁项目部，史松建被称为跨界高手，从电工、焊工、钳工到轨道车司机，他每一项工作都能做得出类拔萃。

最初，史松建是一名电工，在胶济铁路电气化改造工程中，他第一次承担500米长钢轨焊接场32台群门吊组装的工作。在严寒的天气下，他每天清晨都要爬到6米高的龙门架横梁上，逐台布置设备电路，一天要在上面待10个小时，不到吃饭时间不下来。就这样，他终于在两周的期限内，重新设计配置了所有电路，让这个设备既能联动又能个别自动。这次的成功使得史松建获得了技术大拿的称号。

但他并没有因为出色的电工工作就止步不前，后来，在电工活儿比较松闲的时候他学了焊接工作。在一次中铁一局的钢轨焊接工技能比武中，史松建作为一个新手竟然获得了第二名的好成绩。这样一来，“跨行”成了他的新标签。而正是由于他既懂电工知识，也懂焊接，使得他在首次接触长钢轨焊接工作时充分运用了自己电工方面的知识，发现了正火机床电器线路老化是影响整个焊接工作效率的问题所在。于是，他认真琢磨、悉心请教、反复试验，最终解决了问题，还探索出了一套独特的正火工序做法，并在公司内部得到了推广。

从自己的本职工作——电工出发，史松建又利用工作的余闲学习了焊工，并将这两种技能完美地融合在一起，成为工作中的得力助手。他的成功是因为他不满足于现状，时时突破自我，学习新的技能。只有这样的人，才能将工作做得更完美。

对待生活，要懂得凡事知足；对待工作，却不能满足。满足于小小的成绩，就不会轻易获得进步，不会让你停留在原点，只会让你退步。谁都不希望自己被淘汰，所以，你需要永不满足于自己的工作，才能得到更多的荣誉和更多的成功。

3

用更好的业绩去塑造人生

每个人都想在工作中获得加薪、升职，更想在自己的工作中体现出自己的价值，但是如果你的老板没有看到你的付出和努力，那么你就永远都不会获得这些期望已久的东西。那么，如何让老板看到你的辛苦工作呢？只有一个办法，就是给他看到你工作的结果，也就是你工作的业绩。业绩好不好，是衡量一个员工工作最直接和明确的指标，老板完全可以根据一个人的业绩来评判是否应该给他嘉奖。

在工作中，老板也几乎就是根据一个人的业绩来决定对他的重视程度，以及给他的薪水和职位。企业不可能在毫不盈利的状况下获得长期的生存和发展，所以能够为这个企业带来丰厚利润的员工就成了企业的功臣，老板不会不重视，也不会用一个低薪水、低职位来留住这样的职员。

职场的竞争如此激烈，一个员工的工作效率就显得尤为重要。如果在工作的每一个阶段中，你都能够挖掘出更经济、更快速、更有效的工作方法，你就会在老板的心目中确立重要的地位，你不再是一个可有可无、能够用别人替代的标准件，而是一个潜能无限的人才，你也就能获得自己想要的利益和发展机会。

优秀的业绩能代表员工的优劣，优秀的业绩能够成为你该获得重用的证明，让你的付出和努力都得到充分的回报，所以，工作的过程固然重要，但你的工作业绩，也就是工作的结果才是最重要的。

现在的用人单位已经不再只需要埋头耕耘，却不看方向的老黄牛，他们更加需要你的胆量和智谋，没有付出就没有回报，没有冒险也就不会有利益。最大的利益都隐藏在巨大的风险背后。你畏惧冒险，不敢开辟未知的道路，也就看不到这条道路上的风景和果实。一个放不开手脚的企业家即便现在在商海中有点成绩，但最终他只能维持经营，收益甚小。更有甚者，在漂浮不定、危机四伏的商战中只会惨败。同样，一个缩手缩脚，没有胆量、不敢冒险的员工一定不会获得更好的工作业绩，只能停留在工作的现状上原地踏步。

卓越的业绩需要我们具备在工作中敢于创新的精神，当然创新就意味着我们在工作中工摒弃陈旧的经验和知识，有勇于冒险尝试新事物、新观念的胆识。风险和收益一直都是成正比的，风险小，追求这项利润的人就会多，所以收益就会降低。风险大，追求这项利润的人就会少，因为敢于冒险的人本身就很少，所以你所得到的收益就会大。从这个角度看来，风险就代表着利益。从某种程度上讲，风险对一个敢于承担它的人通常都不会吝啬。所以，如果你想要更好的业绩来证明自己并获得自己想要的收益，具备一个冒险的精神是非常重要的。

此外，一个好的业绩的获得并非只有敢于冒风险的勇气就行的。你在工作中是否勤于思考，认真总结以往的过失，你的专业技能是否扎实，你是否能够有理由的去冒这个风险都是你是否能够获得好业绩的重要因素。

有很多人都不知道业绩的重要性，而是追求对领导溜须拍马来获得自己想要的利益，其实，如果你这样做了，只能是弄巧成拙，有时还会起到反作用，让领导对你产生怀疑或误解。而如果你再怎么讨巧，却没有一个良好的业绩保底，你的处境就会令人担忧了。

所以，把你在老板面前的形象粉饰得再完美无缺都是毫无用处的，在关键时刻，业绩才是最重要的东西。只有业绩才能让老板和企业对你刮目相待。

李桂林是南京农垦系统青龙山林场青泉茶厂炒茶工，制茶车间主任。一名普通女性，在平凡岗位做出不平凡的业绩。1988 年 4 月，从江宁育林学校茶叶专业毕业后，李桂林去青泉茶厂实习，厂里看她表现不错，就留用到车间炒茶，那年，她

19岁。

青泉茶厂上世纪60年代就建厂，厂里有不少人品好、技术高的制茶师傅，留用时，李桂林就想，自己在校3年学茶叶专业，都是纸上谈兵，没什么真本事，一定要向老师傅们好好学真功夫。她的方法是“一看二问三练”：一是通过仔细看，模仿，把茶叶制作中的“抖、散、翻、炒，揉念、整形、理条”，每一个套路都牢记在心，模仿到位。二是虚心地问。炒茶，照葫芦画瓢还不够，技术要领，要多请教才行。她想，跟一人能学到一样功夫，跟三个人学就有三样本领，在车间，哪个师傅技术好，她就会围着哪个转，粘着问东问西。炒茶中鲜叶杀青很关键，通过请教，她掌握了“嫩叶老杀，老叶嫩杀，嫩而不生，老而不焦”的诀窍，通过师傅指点，她对锅温火候，用力轻重，都把握的比一般人好，师傅也常夸她灵光。三是不断地练。为尽快成为炒茶能手，她经常琢磨，反复练习，甚至休息的时候还练习做斗散动作。通过近两年的努力，李桂林就能把雨花茶制作得形似松针，条索紧直，锋苗挺秀，茸毫隐露，色呈墨绿。几年后，有人喊她大师傅了。为了不让这句话成为玩笑，她更加勤学苦练。

由于李桂林炒茶技术好，干活能带头，组织和领导也比较重视她，培养她。厂里就把茶叶送展小样制作任务交给她做。1996年，任命她为车间主任。李桂林一直积极向党组织靠拢，厂长和书记一道做她的介绍人，1998年光荣入党。在李桂林心中，工作先进的人才配入党，干好工作，才像个党员的样子。

茶厂女同志相对比较多，李桂林觉得自己应该给姐妹们做样子。前几年，茶园曾被厂外人承包，田间管理不太好，去年，厂里接过来后，让李桂林负责600亩茶园的整治。李桂林知道，茶园管不好，会影响茶树生长和茶叶的品质。她就带着大家起早贪黑，经常加班给茶园深耕理墒，除草施肥，打杈修枝，喷药治虫等等。农活不复杂，但耗体力精力，她个头不高，体重仅有90多斤，可干活总跑在前头。自己是他们的头，不带头干，人家就不服你，也镇不住人。好在她从小吃过苦，手脚也快，大家都说，干活做事男子汉也难追上李桂林，李桂林团队干的活从没让厂领

导不放心过，大家再苦再累，也没人抱怨。来厂里的客户常说：你们青泉茶厂的一帮小妇女，一个顶两个，拿得起，放得下，赛过男劳力。听到这样的话李桂林从内心深处感到欣慰和自豪。

现在，茶叶市场竞争很激烈，大路货茶叶赚不到钱。近几年，青泉茶厂也在抓质量，创品牌。厂领导把炒制“龙雾茶”极品、精品的任务交给李桂林。李桂林知道“龙雾茶”长在青龙山宫氏泉水边，临山环水，只有一百多亩。有专家发现龙雾茶含有预防肿瘤的硒、茶多酚等多种对人体有益的物质，从此也揭开了青龙山山涧村无人得癌病的秘密。这个茶稀有珍贵，但炒制技术要求高。做极品龙雾茶必须是独芽，必须是手工制作，必须是烧柴炒制。杀青和火候特别讲究，杀青时，杀嫩了，茶的香气不好，而且会涩嘴；杀老了，叶子会脆断，外形不好看，而且会有焦糊味道。李桂林也感到，这个品种，今后可能会成为青泉的“拳头产品”，茶场将来的希望，所以，她在做好其他工作的同时，一门心思地反复小量炒制，一锅又一锅，除了吃饭睡觉，整天呆在炒茶锅旁，锅温再高，双手也要不断地下锅。终于，“龙雾茶”极品和精品成功出锅了，工友们笑谈：茶叶炒成了，李桂林的手也成“铁砂掌”。她的手真不像个女人手，粗糙不说，指甲缝甚至手掌上每个指纹里都镶着青黑色，那是炒茶人的标记，因为长时间炒茶，加上曾经炒茶胳膊骨折过，她的手总是并不拢，抻不直，针线活做不起来。有一次，爱人衣服开线了，让她缝一下，她缝了几次还是拆了，针脚实在太难看，只好对爱人说：我现在手变拙了，你还是拿给外面裁缝帮你缝缝吧。

但李桂林的手炒茶还蛮灵活的，她的团队炒制的宝石花牌“雨花茶”，已经连续5年获得市地产茶评比金奖，“龙雾茶”、“雨花茶”2011年还被市茶业协会选送上海世博会参展。“龙雾茶”已渐渐被人认识，顾客反映好，销路已打开，青泉茶厂2011年第一次扭亏为赢了，今年干旱，茶叶减产，但由于质量上去了，产值比去年还高。

因为炒茶技术在茶业界有点名气，也有同行聘请她，承诺每月出不低于5000元工资，相比自己1000多元的收入高多了。

但她始终没舍得走，2012年，李桂林已43岁，在青泉茶场干了24年，现在她的爱人工作稳定了，孩子已经上大学了，自己收入也在往上走。她习惯了这里的领导、同事和朋友，看惯了这里的山山水水、一草一木。

李桂林和她的团队所创造的一流业绩不仅为她们个人带来了荣誉，也让她们的茶场屡获殊荣。这样的员工是十分难得的人才，无论哪个公司都会竭力留住他们。只有一流的业绩才能为企业获利，为你的人生添彩。

现在很多公司为了使自己的员工重视业绩，在工资制度中加入了绩效考核等内容，而在一些特殊领域，比如销售、保险等，更是以业绩为收入的衡量标准。所以，工作中，你要创造业绩，更要不断提高自己的业绩水平，只有这样，老板才会舍弃你的不足和缺陷，更加重视你。不断地创造业绩也是对自己事业的负责。

当然，出色业绩的获得并不是轻而易举的事，你需要不断地学习专业技术、不断地提高个人素质，不断地寻找更好的工作方法，提高工作效率。用更好的业绩将工作进行得更加完美，塑造更好的人生。

4 不断挑战才能不断超越

很多职员安于现状，追求安逸和稳定，他们都认为远离自己不熟悉的工作任务，避免接触自己能力所不及的工作领域是最好的明哲保身之法。在工作中，不追求出色也不至于落后，扮演一个平庸的角色，才能让自己的工作既无功也无过，这样就可以保住自己的工作。而一旦倒霉让自己碰有难度的工作任务，那就只好消极应对，能拖就拖。这样的人，终其一

生在工作上也不会有任何的超越和提升。

习惯安于现状的员工很难收获成功的喜悦，一味追求工作上的平淡、波澜不惊只会让工作越来越被动，你的工作就成了被生活或他人逼着不得不去做的苦差事。在现实中，安于现状的职场寄生虫无处不在。

还有一些人虽然不满足自己目前的工作，有工作的热情，也知道不断地挑战才能不断地超越，但在脑海里构思得很好，幻想得很美，却在一想到可能遭遇的困难面前失去了信心和挑战的勇气，热情被自己畏难的情绪扑灭。

要想把工作做得更完美，就不应该安于现状，轻易地满足于目前工作中得到的成绩，更不能被自己的畏难情绪所左右，一味地幻想却不敢行动。那些一流的员工都是对自己的工作永不满足，并不断地挑战更高的工作标准的人。只有永不满足现状，并不断挑战的人才能不断地超越，并把工作干得更完美。

蔡忠，泉州市职业经理人协会会员，现任阿迪王体育用品(中国)有限公司常务副总经理。他从师专毕业后就入校成为了一位人民教师，在上个世纪80年代末，这份工作是一份能够衣食无忧，且清闲的“美差”，许多人都羡慕不已，但是对于蔡忠来说，却不是这样。他同许多年龄相仿的同事一样，对学校外的世界充满了好奇。当一位物理教师辞职转战商海后，蔡忠也受到了启发。于是，他不顾家里人的强烈反对，毅然决然辞职，准备在商界一展身手。他说：“放弃是为了更好的开始。”

首先，他到了广东。他被一家知名台资企业聘用，这是他在外地的第一份工作，也展开了他在鞋服领域的事业之路。在这份工作中，蔡忠承受着公司的工作高强度，也时刻处在不努力就会被人取代的境况中，这样的工作压力并没有击败他，反而成了他的动力，让他养成了良好的工作习惯和高效工作的优秀素质。尽管他很胜任这份工作，但是他并不满足，他一直不断地挑战自我，超越自我。

在广东的7年时间里，蔡忠几次跳槽，历经鞋服、电子等行业的磨砺，深谙鞋企的运作流程，但他还是苦于没有在这座城市找到适合自己的位置。就在1996年，通过一次偶然的机会，他认识一位泉州籍的老板。他和这位老板一见如故，再加上早前他去过泉州考察，认为泉州蕴含着无限的商机。所以，他便决定追随这位老板去泉州工作。

随着泉州鞋企行业的迅速发展，蔡忠所在的企业面对发展的瓶颈，转变了原来主营鞋的配套材料的发展思路，开始经营起自己的品牌。在2008年金融危机的影响下，企业的品牌发展之路开始坎坷不平，危机四伏。

2011年9月，蔡忠作为企业的元老级管理骨干，肩负起了运营企业品牌的重任。他说："曾经建立起来的人脉都不管用了，要另起炉灶，一切从头做起。"全新的挑战又摆在了他的面前，推广品牌不是以往单纯的产品销售，涉猎的范围更广。虽然挑战不小，但是恰恰激发了他的斗志，让他看到了自身能力的大跨步，使得他更加自信，更加相信通过不断地在新领域积累能量，能够将事业道路上的各个难关逐一击破。

蔡忠能够将自己的工作干得更好，是因为他不畏困难，勇于挑战自我，把所有的挑战当成激发自身潜力的工具。如果你想在工作中有所作为，就请不要以自己的工作有多困难为借口，姑息和纵容自己在工作上的不作为，既然你已经接受了这份工作，那么做好它就是你的义务，你就需要不断地挑战，不断地超越，以让自己的工作能力更加完美。

为自己制定更高的工作标准也是不断需要挑战的目标，你需要不停滞于目前的专业水准，通过坚持不懈地学习提升个人能力和业务水平，严格地要求自己。我国新一代的著名播音大师夏青，几乎能够将《新华字典》背诵下来，他说："一天不练自己知道，两天不练行家知道，三天不练听众知道。"就是因为敢于挑战在别人看来不可能达到的工作标准，才使得夏青在从事播音工作40多年中从未读错过一个字。

每个人的身上都蕴含着巨大的能量，那些"不可能完成的任务"只是由于一个人的自我设限。一预计到这项任务实施的困难，就迅速推脱，或是用大部分的精力去估量最糟糕的结局，不敢接手，即便被动地接受了也会迟迟不敢动手。勇于向"不可能"挑战，才能超越自己，使自己的事业高度获得提升。

5

尽心尽力，将工作干到完美

但凡事业有成的人都能够做到对自己的工作尽心尽力，一丝不苟。他们会不假思索就会百分之百的投入工作中，且从不投机取巧，在工作上掺水分。所以，一个员工只有尽职尽责，尽心尽力，才能将工作干到完美。

你可以设想一下，假如你是公司的老板，那么你是喜欢一个尽职尽责的员工，还是喜欢一个对工作敷衍了事的员工呢？如果有一个提拔的机会，你又会把这个机会给哪个员工呢？因此，员工不要抱有任何得过且过的心理，老板完全可以通过你工作的成果看出你是不是对自己的工作尽心尽力了。如果你想把工作做到完美，让你的老板信任你、欣赏你，你就应该认认真真，一丝不苟地对待你的工作。对工作尽职尽责是对一个员工最起码的要求，是一个员工是否具有敬业精神的重要表现。

任何企业都需要对工作兢兢业业的员工，这样的员工才能为企业创造真正的效益。工作对于尽心尽力的员工而言就是个人价值得以实现的重要途径，他们能够从努力的自身收获喜悦，找到工作的意义。而对工作不负责任的员工，会越来越感到工作的乏味无聊，不管在什么工作岗位上都不能把工作做得令人满意。

廖小兰，五建公司项目部 40 名焊工中唯一的一名女焊工。她在 2011 年的 7 月份经过五建公司的考核合格后，顺利地进入五建公司做起了焊工。从 1998 年入行做焊工，她手持焊枪，到过天津、山东、内蒙古、云南、江苏、湖南、湖北、广东等省市，参与过多个重点项目的建设。因为流动作业频繁，她风里来雨里去，不论是登高作业还是受限空间蹲点，不论是特殊材质的焊接还是一般的焊接工作，她都应对自如。在长炼参与项目建设时还被评为了优秀焊工。

在巴陵石化建设工地，廖小兰每天工作达9个小时，且没有节假日。按照合同的要求，她每天需要完成30寸的焊接任务，且对外观和质量的要求都很严格。虽然工期紧，任务多，需要尽快赶活，但是她并没有因此而对手里的活儿不负责任，一味不顾质量地做一个算一个。她深知焊接质量的好坏对整个项目建设和安全生产的重要影响，只要一拿起焊枪，她就立马全身心投入到工作中，“到一个项目建设工地参与建设，就要努力焊接好每一道焊口，既要经得起质量的检查，也要经得起时间的检验。我们焊工烧焊，每一个焊接点都是承诺。”她认真地说。此外，现场焊接交叉作业时，她同管工配合默契，精确无误，焊接起来流畅顺利。

经过公司质检人员的严格检查，在难度大的焊口的检测中，廖小兰完成的焊口拍片抽检合格率达100%，她的同事称赞她的手工焊效果像自动焊一样。后来，五建公司岳阳项目部因为廖小兰出色表现而对其进行了嘉奖。

在工作中，只有尽职尽责才能将自己的工作做得完美，收获更佳的业绩。就像是故事中的主人公廖小兰，她不抱怨工作的辛苦，不畏惧焊接技术的难度要求，无论什么时候都能够全神贯注，一丝不苟，尽职尽责地完成自己的工作。

有一些人本来有着优秀的能力和专业的知识，却不能在工作岗位上尽职尽责，经常用自己的小聪明蒙混过关，就像上学时用一些小伎俩欺骗老师一样，结果使得自己负责的工作经常出现问题，问题虽小却影响很大，这样做的后果就是让自己流于平庸。而有些人知道自己的能力不足，业绩平平，他就更加努力的工作，将每一项交给他的工作都认真对待，一丝不苟地做好，这样长久下去，他就能够通过不断地积攒经验而将自己的工作干得更完美。

要想将自己的工作做好，就不能停留在“还可以”的标准上，你事业的成就就是来自于你在某一领域的“精”和“专”。只有精于业务，一个销售员才能抓住产品的优点进行展示并成功地将它推销出去；只有专于所学，一个医生才能镇定自如地应对手术台上出现的各种难题……只有对工作尽心尽力，你才能做到成为某一领域的行家。不论你做什么职业，都应该

以最大的精力投入其中，担负起职责，认真对待。只有做到在某一领域的精通，你才能获得良好的声誉，在把工作干得完美的同时收获成功。

从1977年成为一名农技推广研究员开始，李开斌一直坚守在自己岗位上，尽职尽责地默默工作。这位云南省楚雄彝族自治州农科所水稻站站长35年来育成了水稻新品种23个，累计为农民增收64.28亿元。

楚雄气候条件复杂，农科所从上个世纪70年代初开始做水稻杂交育种，前前后后引进了上千份国内外的水稻品种，都没有试种成功。为了解决老百姓的吃饭问题，李开斌一心扑到了水稻品种的选育上。在配制杂交组合的时节里，他早上7点钟以前就进入温室，剪掉母本含苞待放的雄花，下午等到水稻开花了，就将父本的雄花花粉抖到母本的雌花上。杂交后代成熟后，他就拿着棍子，聚精会神地去那30多万株杂交后代选种试验田，一株一株地挑选符合选育目标的植株，要一个多月才能完成这项工作。李开斌的右手腕因此出现了关节劳损。他的同事说："一年365天，他有300天在温室和田里。""要问他有什么爱好？那就是水稻。"

迄今为止，李开斌带领他的团队攻克了一道道难关，共育成23个经云南省审定合格的"楚粳"系列品种，其中，"楚粳27号"是云南省目前唯一的超级稻品种，百亩平均亩产连续6年超过850公斤。2009年，"楚粳28号"百亩平均亩产达到988.77公斤，创下了粳稻百亩平均亩产的世界纪录。2011年，楚雄全州粮食总产量达到106万吨，不但满足了自己的需求，还能向外运送。

三十多年来，李开斌尽职尽责，兢兢业业在杂交水稻选育工作上，共获得了31项科技成果奖。他被云南省人民政府授予"有突出贡献的优秀专业技术人才"称号，被省科委授予云南省"八五"科技攻关先进工作者称号。他说："既然选择了水稻育种工作，就要有所作为。不敢说做多大贡献，就是想让老百姓多收一点。"他把为农民增长增收看做是一名农业科技工作者最重要的责任。

李开斌35年来只做一件事，那就是从事“楚粳”水稻新品种的选育研究以及示范推广。他尽心尽力，毫无怨言地做着这件事，并取得了非凡的成绩。在水稻选育这个领域里，他是名副其实的专家。每一个员工都应该学习他的尽职尽责、追求完美。

一个人只有尽心尽力地工作，才能不断挖掘出自身的潜能，取得优异的工作业绩。所以，不论你的学历高低，能力优劣，你都应该以一个尽职尽责的工作态度去完成你的每一项工作，在不断追求更高标准的同时，提高个人的业绩水平，将工作做得更完美，成为企业中的佼佼者。

第十章

对任务永不放弃,你会将工作干得更漂亮

一丝不苟地做好工作,关注其中的每个细节,工作再难,也坚决不放弃,对工作任务永不放弃这是一名优秀员工应该具有的品质。

1

永不放弃从战胜自己开始

想要获得事业的成功,你最大的盟友是你自己,你最大的敌人也是你自己。成功需要不断地战胜自我,超越自我,不安于现状,勇于挑战自我,突破自我。战胜自我固然不易,却能最大地激发你的潜能,让你一直得到成长。

在一个寒风瑟瑟、雪花漫天的冬夜,在美国肯塔基州的一个小山村里,有一个小男孩持续高烧不退,且上吐下泻。他的病情像极了正在当地流行的一种瘟疫。距离这里最近的医院有100多里路,加上天气的恶劣,想出去就医几乎是不可能的。孩子的父母显得忧心忡忡又不知所措,而这个小男孩似乎意识到了自己病情的严重性,口中喃喃自语,痛苦地呻吟着,吐出的东西里还开始夹杂着血丝。

就在这个情况危急的时候,小男孩的父亲突然手中拿着一颗褐色的大药丸,兴奋地跑到病床前,抱起小男孩,喂他吞下。一面解释道:"这颗药丸是治疗瘟疫的神药,是前不久州立医院的迈哈顿院长送给我们的,我保存得很好,却一时忘记了放在哪儿,终于还是让我找到了。感谢上帝。"孩子的母亲听后也如释重负,赶忙问小男孩:"孩子,你好些了吗?"小男孩的脸上露出了一丝笑容,不一会儿,就安心地睡着了。第二天化验结果出来了,小男孩并没有染上那种可怕的瘟疫。

10年后,小男孩的父亲告诉已年满18岁的小男孩,当年救

命的那颗褐色大药丸并不是治疗瘟疫的神药，只是他在厨房里用干面包和咖啡粉拌和成的丸子。但恰恰是这个毫无治病功效的丸子，却让小男孩安然入睡，让他坚强地挺过了那个艰难的夜晚。

听了父亲的话，小男孩终于明白了：人生中的困难和坎坷不计其数，人往往不是被困难本身击败的，而是自己那颗胆怯、脆弱的心。

这个小男孩就是美国历史上最伟大的总统之一——亚伯拉罕·林肯。他一生中8次竞选，8次失败，但他从未放弃，因为他知道，人唯有战胜自己那颗胆怯、脆弱的心才能克服种种困难，并最后取得成功。

职业生涯中，你当然有亲朋陪伴，他们是你前进的助力，给你鼓劲儿、加油助威，你可以在遭遇险境时找他们帮忙，但整个的职业道路还是要你自己来行走，没有人能够替代你，你需要依靠自己的力量渡过每一个难关，在不断地战胜自我的过程中获得宝贵的自信与勇气。

一个人是否敢于战胜自我可以从他对工作的态度中看出，如果你的老板交给你一件在大多数员工看来都无法完成的工作，你是承担下来还是逃避退缩？逃避退缩，你可能不会因为任务没有完成而受到老板的责备，如果你承担下来，接受了这个任务，你就有可能因为任务的顺利完成而获得刮目相待。在这样的选择中，你应该正确估计自己的能力，而这些貌似难办的工作通常都不是不可完成的，在一个你努力下就可以达到的高度为什么不去试试呢？成功就需要这样的挑战，在不断地战胜自我中让自己得到升华。

职场，是一个看似平淡，事实上却充满激烈竞争的竞技场，每个员工都是参与竞技的一员，谁都不是旁观者，如果谁忘记了自己的身份，那么必然出局。在这样的竞技场中，你需要不断地挑战自己，战胜自己，不惧怕失败和挫折，这样你就获得了完成“不可能完成”的工作的动力和勇气，才能以别人所不具备的自信和意志力去完成它，才会最终成为这个场上的赢家。

随着时代的变迁和社会的发展，每个用人单位不再单纯地通过观察是否能吃苦耐劳、任劳任怨来衡量一名员工的价值，而是会综合考量他的个人素质和潜能。每个企业都想要一位可塑性强、可发展空间大,乐于挑战更高层次的工作并有能力完成它的员工,只有这样的员工才能在不断地提高个人能力的同时推动企业的进步,才能在企业中扮演中流砥柱的角色。

工作态度决定着你的事业高度,通过坚忍不拔的毅力和勇于拼搏的进取精神,不断地挑战高难度,激发自身的潜能,而不囿于自卑、恐惧失败、半途而废,你才能成就自己的一番伟业。

王春波是成都亿盟恒信科技有限公司的创始人、总经理。他大学毕业后也像大多数毕业生那样四处找工作,却屡遭拒绝。更有甚者,竟然说他的智商太低不能被录用。王春波想,可能是自己的学历太低了。于是,他在 2003 年考上了电子科技大学软件学院的硕士生,在进校两个月后,由王春波任主席的研究生软件协会成立,同年 11 月份他组织团队开发了 GPRS 无线抄表系统。

虽然在学校里小有成绩,但是他想到了自己的家境和未来的发展。父亲因接手的企业经营失败而欠下了 40 多万元,自己又在上学不但没有挣钱,有时还要找在外打工的妹妹借钱。这样想着,他突然对自己的未来有些绝望,就算自己毕业后能每个月挣 5000 元,在不吃不喝的情况下也得 10 年才能还清债务。于是,王春波想到了自己创业。

他开始找公司继续资助 GPRS 无线抄表系统,终于通过自己的努力联系到了一家肯出 10 万元投资收购此项目的公司。就这样,在五个月后,王春波收获了自己的第一桶金。他满腔热情,准备用这笔两万多元的资金大干一场。于是便退学,成立了自己的科技公司。

公司成立初期,王春波带着一群未毕业的学生从帮别人开发一些小软件入手,逐渐在信息安全服务、网络游戏辅助软件等商战中站住了脚。后来,他敏锐地嗅到了智能交通行业整体解决方案会有很好的市场前景,于是他毅然决定放弃自己所喜爱和目前有竞争优势的领域,挑战自我,开始从事嵌入式开发项目外包和自主产品的开发。

几年后,王春波的团队在市场竞争激烈的今天取得了优异且不可被替代的成就。2011 年成都市地方名优产品收录了王春波团队所自主研发的"3G 无线视频监控系统"、GPS/汽车行驶记录仪、卫星定位车载移动智能终端等。此外,中国交通部"十二五信息化应用"指定其为配套单位,中国电信也将他们指定为在卫星定位车载终端领域的唯一战略合作伙伴。

目前,成都亿盟恒信科技有限公司的年销售额达上千万元,王春波本人还被聘请为成都市高校毕业生创业项目评审及创业服务专家组成员、四川省妇女创业就业指导专家组成员……

"其实我们最大的对手是我们自己,不是别人,战胜了自己,你就赢了。"这是王春波始终相信的一句话,也是他在自己的事业上获得成功的重要理念。

王春波的成功就像他自己总结的那样,是通过信任自我,并敢于超越自我、不断战胜自我实现的。没有人是天生的强者,事业有成的人都相信可以通过自己的努力战胜所有的"不可能",挑战更高层次的未知领域,他们都比一般人更能在前进的路上勇于追逐,坚定地相信自己的力量,没有不可能完成的工作,只有完不成工作的个人。

2

做个"实干家":放弃泪水,留下汗水

一些刚刚步入工作岗位的年轻人,有理想,有抱负,但是一开始就想受到重用,得到丰厚的薪水,做体面的工作,一旦工作不能带给他们这些,他们就会感到和自己的理想有很大的差距,因此而放弃这份工作。殊不知,任何一份工作的起点都是一样的,需要你付出更多的汗水和辛苦才能

更靠近自己的梦想。惧怕付出，惧怕吃苦是要不得的，温室里的花朵永远经不起外面的风吹雨打，成功的路上不需要泪水，只需要汗水。

付出永远和收入成正比，你的每一分辛勤耕耘一定可以换得梦想的实现，到那时回过头去看看自己走过的路，一路的艰辛苦难都是值得的，成功不可能属于每个人，在众人中谁的付出最多，成功才会归谁所有。

没有付出的空想毫无价值，梦想再绚烂、再辉煌，而没有实干精神都是空想。只有在梦想的基础上，做个实干家，肯吃苦，肯流汗，才能让自己的梦想成真。有一种深入骨髓的实干精神，是事业有成的人必须具备的，不怕辛苦，只怕让自己的梦想落空；不怕汗水，只怕因为怯于付出而流下失败的眼泪。面对着通往事业成功的漫漫长路，你不能被所有的可预见到的困难和不可预见的风险吓倒，相信自己有披荆斩棘的能力，相信自己的辛苦一定可以达到成功的彼岸。

在工作中，空想要不得，胆怯要不得，马云在谈及成功的秘诀时说："做人要像疯子一样的幻想，做事要像傻子一样的投入，因为没有幻想就没有创新，而没有投入和苦干，幻想永远只是一张白纸。"但在严峻的职场中，总是有那么多喜欢幻想，不能像傻子一样投入全部精力，努力苦干的人。对于这样的职员，需要明白这样的道理：想要证明自己的价值就要拿出成绩来！吝啬付出的人被成功厌弃，吝啬汗水的人被成功嘲笑。想要得就要失，永远是成功的黄金法则。畏惧付出的胆小鬼、畏惧危险的懦夫永远都不可能成功。

职场上，肯做实干家的成功人士不胜枚举。如果你艳羡他们的成就，就不要让自己陷入空想或是惧怕踏出第一步。纵使被困难吓得大哭，也要在哭过之后继续前行。

张艳红是个瘦小羸弱、安静、寡言的姑娘。为了供两个弟弟上学读书，她初中毕业后就辍学了。2002 年，她经人介绍，来到老三集团服装三分厂打工，她渴望成功，立志要通过自己的努力来改变自己及整个家庭的命运。她的专业技能不过关，就从零学起，虚心向厂里的老职工请教，并刻苦研究揣摩缝纫以及制作服装的技术。为了自己的理想能够变成现实，她省吃俭用，用自己省下的钱买来有关的图书学习技能，并按照书中的理论知识进行不懈实践，失败了就找出原因再试一次，终于完成了自己由

理论到实践的大跨步。之后，她又在自己的努力之下，进一步完善了自己的服装制作技能，成为了老三集团技术工人中的佼佼者。

后来，张艳红凭借自己优异的职业技能在江苏省针织行业服装制作工职业技能大赛选拔赛中脱颖而出，成功进入了全国总决赛。在参加全国总决赛期间，张艳红却患上了重感冒、高烧不退，但是她一想到这次全国总决赛有 9 个省市、81 名选手参加就顾不得休息了，于是她带着病痛的折磨，以顽强地毅力坚持每晚复习理论大纲直至深夜，终于在理论考试中取得了 99 分的优异成绩，实际操作排在第 11 名。面对着“全国针织行业技术能手”的光荣称号，她捧着光耀夺目的奖杯，一度哽咽，流下了激动的泪水。

如今，张艳红正不加保留地将自己的技术教给她所在四组二班的缝纫女工们，这里的 22 名女工几乎都成了她的徒弟，她希望在自己的帮助下，让大家都成为技术工人和生产能手，得到更高的工资。她所在的四组二班成了厂里的先进班组，获得了厂领导的肯定和赞扬。她个人也在两年内 17 次登上了公司的光荣榜。

张艳红每年的收入都达到 3 万多元，她将自己的父母、姐姐带到了老三集团工作，一家人在城里租了房子，收入稳定，其乐融融。这就是她最初的梦想，终于在自己的努力下成为了现实。她说，她今后要做的就是为老三集团创造更多财富，这样才能更好地体现她的自身价值。

张艳红在事业上取得的成功就是依靠自己的肯干、实干的精神，她是一位让人敬佩的“实干家”，值得有梦想的人学习。

要让自己做个有梦想的实干家，就要排除种种顾虑，从头做起，尽自己的全力完成本职工作。然而在工作中，很多人都想要在付出之前就见到回报，这是多么可怕的思想。很多人都这样想：见不到回报就去做，万一白付出了怎么办？企业给了我多少的薪水，我就为这个企业做多少工作，不是我对不起这个企业，而是这个企业对不住我。如果你一直抱着这样的想法，那么你就会一直拿现有的薪水，原地踏步。你应该明白，只有付出才有回报，只有你做超越现有薪水来衡量的事，才会让你的领导看到你的价值。每个明智的公司都想要留住人才，它又怎么会用一个普通员工的薪水来留住优秀的人才呢？

如果你懂得了实干的重要，懂得了付出之后才会有回报，你就超越了很多平庸的员工，也就向着事业的成功迈出了一大步，你的职业生涯一定会有所成就。

几个年轻人相约去郊外旅行，一开始大家的兴致都很高，谈笑风生，观赏沿路的风景。但走了很长的山路之后，有些人累了，也感到了旅途的乏味，于是一部分人停了下来，另一部分人继续前行。

在回城的路上，这些年轻人彼此说着自己的感受和见闻，在半途睡觉的人听说了前所未见的美丽风景，在途中抱怨山路难行的人听说了沿路稀奇的花草树木，没有走到最后的人错过了农家的美味饭菜。很多人都说，自己真是白来了一趟。

职场上，许多员工会对不断重复的工作中愈来愈感到不耐烦，不能用最初理想驱使下的努力步伐继续前行，就像是那些不能走到最后的旅行者，错过了终点最美好的风景。屈服于空想，屈服于困难，永远都不是一个实干家应该有的东西，更不是一个事业有成者会具有的弱点。

3 永不放弃必须不畏失败

蜘蛛总是在织网，因为天气、人为等等因素总是在破坏这张可以给它带来饱腹和成就感的网。为了避免风的袭击，它要尽全力把这张网织得更结实；为了困住自己的食物，它要尽全力让这张网最大化，占领更广阔的区域。可是，一张完美的网总是在蜘蛛刚刚庆幸自己大功告成时惨遭

破坏，于是，蜘蛛重新织网，不断重复着这项工作，屡败屡战，屡战屡败……

职场中，员工需要这样的蜘蛛精神。就像拉尔夫·沃尔多·爱默生所说的，“我们最大的荣耀并不在于永不失败，而在于能从每次失败中奋起。”的确，失败并不可怕，可怕的是失败后的一蹶不振。在否定自我的不良情绪中度过毫无成就的一生，真是最可怕的事。失败了，没关系，不要气馁，在通往成功的道路上是由失败把关的，你遇见一次就少了一次。不要做害怕失败的懦夫，要做永不言弃的勇者。

很多人自小就一帆风顺，习惯了优越的生存环境，习惯了没有挫折，平平顺顺的生活，并获得了一个高人一等的优越心态。这样的人往往在面对失败时惊慌失措、患得患失，不能够相信失败怎么会找上自己，在纠结失败的低迷情绪中惶惶不可终日，错过了解决问题的最佳时机，让对手有机可乘，远远地超过了自己。其实，失败有什么呢？多经历几次又何妨呢？越是没有吃过苦的人越应该让自己尽早尝尝苦难的滋味，越是发展得顺风顺水的人越应该建立防患于未然的心态，有危机意识才能让你在失败来临时不怨天怨地，反倒以一种坦然平静的心态去迎接它。这样的人相信，有了跌倒才会有进步，有了失败才会有成功。

还有一些人尝尽了失败的滋味，不断地从失败中爬起来，不断地努力克服困难险阻，却像是被成功遗忘或抛弃了一样得不到它的垂青。这样的人越战越勇却屡遭惨败，就应该停下貌似前进的实则原地踏步甚至倒退的脚步来做一番思考，看看自己是不是选错了事业的目标？是不是没有发现成功的契机？或者是不是没有一个正确的工作方法？……凡事都是事出有因的。当我们遭遇失败时要善于总结经验，吸取失败的教训，不要老是在一个地方跌倒。总是犯同一个错，缺乏反思精神而屡教不改的人即使失败了再多次也不可能成功。

一个成功的人能够坚定自己的目标，不畏惧失败，在每一次失败后都能够进行全面的总结，从每一次失败中都能够得到启发和益处，用一点一滴从失败中得来的宝贵经验指导以后的工作，在曲折中前进。

“黄瓜的黄，西瓜的西。”这样的开场白让许多人记住了这个来自东北、旅居美国的华人黄西。他在美国收视率很高的《莱特曼秀》舞台上大放搞笑明星的光芒，更是全美喜剧节单口相声比赛的冠军。他在2010年美国记者年会上，逗得包括美国副总统拜登在内的观众捧腹大笑，更获得了阵阵掌声。

然而，黄西的喜剧天分、幽默才华并没有在小的时候展露无疑并得到培养。他的成绩欠佳，还差一点就被父亲送去做了烧锅炉的工人。在市里的学校读高三的时候，黄西经过自己的突击学习，考上了吉林大学。大学毕业后，他通过了中科院的硕士生考试。之后随着当时的出国热留学到了美国，成为一名生物化学博士。他利用在实验室里等待实验结果的半个小时，练习英文写作，并投给学校校刊。出乎意料地，他竟然因为《我在大学中毫无建树的感情生活，证明"恐女症"要不得》这篇文章的发表而引起了全校的轰动，这才在众人面前显示出了自己的幽默才华。

"美国学术界从来都不缺中国人，但喜剧界还没有来自中国第一代移民的声音"，带着这个理念和对自己的期望，黄西开始创作起自己的段子，美国媒体评论说，这是一个讲"高智商笑话"的人。

在成功面前失败总是大行其道，黄西的成功道路也是如此，他的成功并不是一帆风顺的。黄西第一次在美国登台表演时，酒吧里的8个人都各忙各的，而且专心致志。所有人都视他为无物，只是到最后才有一个人走到他面前说："我觉得你可能很有意思，但是我听不懂你在说什么。"

因为语言、文化等的差异，黄西写的笑话有时会让这些外国人抓不到笑点，但是没有关系，面对失败，黄西并没有气馁。他认真地总结失败的原因，同时为了写出好笑话，寒冬里他坐在街头观察行人的表情和行为，以此激发自己的创造灵感，还上过教人如何搞笑的培训班。他每天都要求自己记下至少10条好玩的事情。他最爱的座右铭是"经常失败，才能尽快成功"。

当我们羡慕那些被成功的光环围绕的人们时，你更应该看到他们背后付出的精力和他们面对失败时的态度，失败并不可怕，正如黄西的那句座右铭："经常失败，才能尽快成功"。

在职业道路上，失败是再平常不过的小事，你需要在失败中坚强地站

起来，永远保持积极的心态，乐观的面对失败，即使目前看来这个失败是多么难以承受，它也会像抛物线那样，在最艰难的时候拐向胜利。想要坚定自己的梦想永不放弃，你就要不畏失败，也许就是多坚持了那一点点，就从量的积累转向了质的飞跃。

4

逆境崛起，方显实干本色

人生不如意之事十之八九，在工作中亦然，我们在工作中碰到困难是很常见的事情。在这样的状况下，你是在逆境中崛起还是怨天尤人，这决定了你的事业高度。海伦·凯勒说：“当一扇幸福之门关闭时，另一扇会打开；但不幸的是，我们往往在紧闭的门前驻足太久，而错过了那扇向我们敞开的大门。”

你可以想象，当你的公司为了减轻财政负担，出现了裁员、企业或部门间的兼并、新人接班的现象时，你会怎么样？面对着一切突如其来的变化，你会在哪里浪费最多的精力？每当这个时候，大多数人都会无心工作，整天忧心忡忡地等待老板的通知，或者和同事发发牢骚，抱怨世事变迁，有些人不断地观察老板的脸色，评估自己在老板心目中的价值，抓住一丝一毫的讯息来揣测着自己的职业命运。通常你看着老板对你渐渐冷漠的眼神、日益冷淡的态度，已经断定自己的饭碗要保不住了，于是你更加焦虑、烦躁，不安全感充斥在你的周围。然后，在你的焦灼难耐的状态中，迎来了你的被解雇的通知。

然而，你可曾透过这整个过程，得到一些启示？你除了急切地等待被解雇的通知、焦虑地守在工作岗位上，最后消极地应对这个灭顶之灾，还做了什么？你还能做什么？其中是否缺少了你走出逆境的主动性？

失业对每个人来说都是不小的打击和挫折，其实人生中会有许多与失业一样的困境等着我们去经历，面对人生的逆境，许多人消沉了，然后一蹶不振。事实上，在安稳的工作状态中，你就应该时刻抱有危机感；在这个危机降临时，你更应该更加努力的工作，帮助自己渡过难关。坚守在自己的岗位上，有条不紊地工作才能让你在领导的眼中更有价值。同时，你也可以从中受益更多。就算最后真的不幸失去了你的工作，你也不会不知所措。一个积极的心态在逆境中尤显得难能可贵。

在逆境中，更能看出一个人的能力和实干精神，逆境造英雄，此言非虚。

孙霞在5岁时因一次医疗事故导致了耳朵失聪，她的丈夫又因为小儿麻痹行动不便。虽然疾病缠身，又遭遇了下岗，但他们都没有丧失生活的勇气和信心。下岗之后，这对坚强的夫妇开过照相馆、饭店、发廊，有成功的喜悦也有失败的悲伤。但难能可贵的是，虽然孙霞的下岗工资只有220元，但她还是会热心肠地把它捐给有困难的人。

2007年，孙霞经朋友推荐入选成为中国红十字会和淘宝网“魔豆爱心工程”在湖南寻找的“身处逆境自强不息的母亲”，淘宝网会以“授之以渔”的方式帮助她开一家网店。机会难得，但善良的孙霞一想到自己已经47岁了，应该把机会让给其他更需要这次机会的母亲，便主动提出了退选。

退选申请并没有得到批准。半年后，淘宝网十大卖家之一的“三创”受托来到孙霞家，为其进行免费培训，他告诉孙霞，由于网上开店的难度很大，之前有很多人都因为太困难而退出了。孙霞一听，敢于挑战困难的勇气被激发，她决定加入这个魔豆爱心工程，学习并尝试开网店。

不久，淘宝网就寄来了免费提供的液晶电脑。孙霞不会打字，更不会电脑的基本操作。于是，她就在家刻苦练习，为了激励自己，她特意选了马云的一句名言练习打字，她反复地在电脑上打出：“电子商务，今天残酷，明天更残酷，后天很美好，但大多数人都死在明天的晚上，看不到后天的太阳。”她牢牢地记下了这句话，苦苦地练习了一个月后，孙霞的打字速度提高到了每分

钟12个字，义工帮助她注册了淘宝会员名，一位“魔豆母亲”给她上传了10个宝贝。她就这样开起了自己的网店。

刚开始，孙霞用淘宝网赞助的一万元和外借的几万元，加盟了一家家饰公司。她兴高采烈地进了大量的家居用品，准备大干一场。

新店开张的第二天，就有买家向孙霞询问她店里的袖珍小冰箱。而孙霞面对这位买家提出的几个问题却不知如何应对，她迅速找出袖珍小冰箱的说明书，可说明书上的小字她根本看不清，又带上老花镜却发现是英文……

好好的生意就这样砸了，孙霞很不服气。这时，女儿提醒她说，她可以做她懂行的女装。一句话点醒梦中人，孙霞决定放弃家饰公司，开一家卖女装的淘宝店。由于耳朵失聪，孙霞不能打电话，也不能语音聊天，只能一天到晚地盯着电脑屏幕找货源，她没日没夜地经营着自己的生意。一开始客流量很少，她也没有放弃，天天坐在电脑前回答买家的各种问题，有时碰到不懂操作的新手买家，她还会分别通过旺旺和手机教买家如何操作，这样一旦交易成功，这个新手买家就成了她的回头客。

功夫不负有心人，孙霞只用了三年多的时间就完成了自己事业的华丽转身。在2009年，孙霞被评为第六届网商大会30强网商，后又注册了“长沙魔豆服饰公司”。孙霞的网店在2010年突破了25万的销售大关并成功冲冠。2011年，她又被评为湖南省首届十佳残疾人创业就业明星。

孙霞是一个在逆境中自强不息的典范，她说：“执著拼搏不言败。不管多难，都要坚持下去。”因为自己的坚持，她才收获了成功的累累硕果。“如果没有坚定的信念和平和的心态，怎么能成功呢?”她坚信这句话，并一直践行着。此外，更难得的是，孙霞成功后，一直没有停止资助生活困难的人，哪怕她自己的经济再拮据，她都会保证给自己的资助对象每人每月200元。目前，她已经资助了8个生活极度困难的人。

自己身在逆境中，却能乐观地面对生活，并能用自己的爱心帮助其他人，感染身边同样处在逆境中的人。这样的人更像是一个发光体，在散发自身光芒的同时，还照亮了别人的路。

逆境是成功者登上更高峰的垫脚石，是每一位员工都应该珍惜的宝贵的机会，只有在无数次的痛苦磨砺中，你的意志才能变得更加坚韧有力，你的精神才能变得更加坚强富有，你的思想才能变得更加成熟。而唯有这样的员工，才能不断地成长，成为企业中遥遥领先的人。

“人的生命，似洪水在奔流，不遇着岛屿、暗礁难以激起美丽的浪花。”俄国文学家奥斯特洛夫斯基的一句话让身处逆境中的人看到了生命的意义、成功的所在。只有在逆境中，你做出了坚定的抉择，并不畏困难，从逆境中崛起，你才能取得真正的事业成就。

5 永不抱怨才能永不放弃

在事业遇到阻力、个人不能得到正当的待遇、经常加班等问题的面前都会忍不住抱怨，抱怨老天不公，抱怨工资与个人付出不对等，抱怨工作怎么这么忙……偶尔发发这些抱怨牢骚倒没什么大不了，但你要警惕不要让自己的抱怨情绪不断积累，不要让它演变为阻碍自己前进的障碍，抱怨解决不了任何问题，抱怨不如积极思考解决问题的办法，迅速地采取行动。如果你对一份工作忍不住天天抱怨，逢人就诉说着你对它的不满和厌恶，那么，请你不要影响他人的心情和工作状态，最好的解决办法就是自动离开。停止用抱怨的方式来解决问题，静下心来分析一下造成工作遇阻的原因，是自己努力制定的目标太高，还是自己吝惜对工作的付出。豁达些、大度些，其实每一种经历都是一种锻炼，能够让人成长。

如果你才华横溢、满腹经纶，却一直在工作中没有创造出良好的业绩，不要抱怨，想一想是不是因为自身的弱点还不能够胜任某些职位？如

果你勤劳肯干、踏实努力，却不被领导重视，不要抱怨，想一想是不是因为自己的言行给领导造成了误解，或者是不是因为自己不善于团队合作而失去了团队的协助；如果你能力欠佳，经验不足，还抱怨什么呢？与其抱怨企业没有给你足够的肯定和认可，还不如思考一下你的工作究竟还存在哪些缺陷和不足。

小泉从名牌大学毕业后凭借个人能力成功进入一家外企工作。他起初对工作很有激情，想要大干一场，在工作上也取得了相当不错的业绩。在外企付出的汗水要更多一些，他知道这一点就很卖力地工作，可是工作了大半年，自己的职位还是没有得到提升。于是他便心生不满，对自己的不受重视表示愤慨。

一次，他在和同事喝酒时，将自己对老板的不满一一道出，认为自己的老板有眼无珠，看不到他为公司立下的汗马功劳。他这么辛勤肯干，却得不到老板的重视和提拔，真是太不公平了。

隔墙有耳，他的这番酒后吐真言的牢骚话不知什么时候传到了老板的耳朵里，本来想要提拔他的老板听了，感到他还需要一番磨炼，就搁置了提拔他的任命。

小泉没有得到老板的提拔，在离自己想要的职位只一步之遥时放弃了自己过去的敬业精神，让人惋惜之余不得不从中生出警醒，永远都不要抱怨你的工作，埋怨你的老板，不要放弃自己的努力。

工作中，不会有人喜欢牢骚满腹的人，一个牢骚满腹的人对自己不负责任、对工作不负责任，非但不会赢得别人的同情，反而会因此给别人留下不良印象，甚至落人口实。谁会喜欢和一个消极的人在一起工作呢？如果你的牢骚抱怨让你的上司听到，那么你就会因为不思进取、破坏公司团结、滋生是非被列入辞退名单了。

大多数的抱怨者都是懦弱无能者，不能够通过自己的努力摆脱困境，也没有成功者所必须具备的坚韧的意志力、挑战困难的勇气以及宽广的胸怀。抱怨让他们在工作的逆境中动不动就向后缩，甚至溜之大吉。换了新工作后还是如此，总是停在那里，既不满足现状又缺少清除障碍的勇气，结果也就只能是停留在那样一个低级的水平。

工作之中，员工除了做好自己的分内之事，还承担着保证团队总体进步的职责，因此，有时一些超出你的职责范围的工作也会交给你来做，这时需要你从企业的角度出发，站在企业的立场上考虑问题，企业的事就是你的事，你不是在给别人做事，而是为你自己打造一个展示个人价值的舞台。

董德良，现任黑龙江省抚远县公安消防大队大队长。抚远县距离佳木斯市区400多公里，是国家级的贫困县，这里有7个月的漫长冬季，最低气温在零下35摄氏度以下，在这里工作，其艰苦程度可想而知。然而，面对着能够调回佳木斯市工作和两次同妻子一起去南方工作的机会，董德良都放弃了，他说："消防队缺干部，我不能走。"就这样他无怨无悔地在这个被称为"东极"的地方扎根了18年，他没有和家人过过一个完整的春节，甚至与家里人一起吃顿饭都成了奢望。

面对寒冷的气候，他不言辛苦；面对条件的艰苦，他没有一声怨言。他将自己的精力全都用在了工作中，因为抚远县的消防基础差，所以他时刻提醒自己和大队官兵，必须加强业务本领和战斗作风。在他的带领下，消防大队进行了大胆改革，调整了训练科目和内容，更加注重对官兵火场指挥能力和应变能力的训练。18年之中，董德良带领官兵参加了800多次灭火救援任务，抢救了30多名遇险人员，保护和挽回了近千万元的人民财产。

此外，在得知刚上小学六年级的石玉荣因家庭困难而被迫辍学时，董德良立即联系到石玉荣的学校，经过官兵们的共同援助，终于让这个孩子圆了读书梦。自此之后，官兵们还自发建立了"助苗基金"，长期资助失学儿童。

董德良无怨无悔的奉献、对工作岗位的认真负责鼓舞着众多官兵，他所带领的大队被评价为"一颗镶嵌在祖国东极的璀璨明珠"。

读了董德良的优秀事迹，是否让你明白了优秀的人需要具备什么样的素质？在一个糟糕的工作境况中，放弃抱怨，坚定自己的工作职责，是优秀员工和普通员工的最大区别。

喜欢抱怨的人，其实并非能通过抱怨调整情绪，从而积极地去解决眼前的问题，只不过让自己通过抱怨达到暂时的心理平衡，而不是通过行动。抱怨别人对自己不公，还不如想想自己的散漫，培养一下自己的责任感。还有一些刚刚从学校里走出的年轻人，因其自身能力、经验等的不足而不能被委以重任，不思考怎么让自己胜任工作，而是抱怨缺少成长的机会、没有清闲又体面的工作。习惯抱怨的人，对自己的工作没有最起码的责任心，挑剔懒散，抱怨嫌恶，纵使成绩再优秀也不会在工作上取得任何佳绩。一名合格的员工应该拒绝抱怨，没有任何事情值得抱怨，值得损害你工作的热情。拒绝抱怨，总可以找到解决问题的办法，事情远没有你想象的那么糟糕。

第十一章

对岗位永怀崇敬，你会将工作干得更精彩

树立高度的责任感和忠诚心，怀着对岗位的崇敬之心，是把工作做好的前提。敬业的心态会促使员工养成良好的工作习惯，让员工成为值得信赖，能被委以重任的人。有了敬业精神，员工才有积极工作的动力和激情，才能通过工作不断地提升自己，体现自我的价值。因为敬业员工会把工作干得更精彩，因为敬业员工会为企业创造更多财富。

1

敬业是优秀员工永远的“标签”

人生就像旅程，不管风景如何，想要轻松地前行就要始终保持愉悦的心情。工作亦是如此，不管身在何方，想要生存下去就要从事某种职业，因为工作是人们得以生存的保障。只是工作并不仅仅是为了生存，它还会给我们带来很多美妙的瞬间。比如，有了工作我们可以实现自己的梦想，通过工作我们可以实现自己的价值，因为工作我们的视野会变得宽阔，交际会变得宽广。

不管所在什么岗位，从事什么职业，只要是企业里的一名员工，都必须怀着敬业的精神，全身心地投入到工作中去，尽心尽责，努力拼搏。这样你的人生才会因为工作变得更加精彩。如果一个员工没有敬业的精神，就不会把手中的工作和自己的人生联系在一起，就不会对工作倾尽身心，当然也无法感受到工作的神圣感和使命感。

优秀的员工都是最敬业的，敬业是优秀员工的标签。有了敬业精神，员工就会在工作中专注的工作，不管老板是否有监督、催促，都会自觉地做好工作，圆满地完成任务。遇到问题不会畏惧退缩，而是主动请缨，排除万难。当员工在工作上始终认真做事，尽心尽责的为公司服务，就会给公司和老板创造财富，获得赞赏。

庄玲儿师范毕业以后，就在一家私立中学教英语。她说：“和学生们聊天是她工作中最开心的事情。”可是高中英语教学任务很繁重，因为年轻气盛，庄玲儿总是想要尽量做到更好，为了提高学生的学习效率，她经常加班研究教学方法。

有一次在课堂上，连续加班几天的庄玲儿因为太过操劳，晕倒在课堂上。第二天英语课，很多同学都做好自习的准备，没想到上课铃响后，老师居然出现在教室门口，很多同学都不约而同地说："老师！这节课我们自习，你回家休息吧。"但是庄玲儿微笑地说："我接着昨天的讲，把剩下的两个阅读理解讲完你们再自习。"

在高考前夕，庄玲儿很动情的跟同学们说："等你们毕业了，我也就要离开这个学校，去上学了。其实，我今年就考上上海外国语大学的研究生了，但是我舍不得你们，这份工作我也要善始善终，你们毕业了，我才能安心地继续深造。在以后的日子里，不管你们在哪里上学，不管你们从事什么工作，都要认真、敬业，要知道没有努力，就没有收获……"

作为一名教师，庄玲儿无疑是敬业的员工，尽管这份工作她没有做很久，也没有很出色的成就，但是在这群学生心目中，她的形象是伟大的，相信等到学生们渐渐地从事工作，他们会忆起当初课堂上，老师所说的"认真、敬业"而这四个字将影响其一生。

"敬业"所包含的内容很广，勤奋、认真、责任、专注等都涵盖其中。员工会因为敬业变得优秀，变成一个值得信赖的人。在现在的企业里，员工是否被老板委以重任，是否能够获得成功，都取决于员工的敬业态度。在工作岗位上员工永远秉承着敬业的精神，不仅是为了完成老板安排的任务，更重要的是敬业是员工的使命，是优秀的员工理应必备的职业修养。如果能够把敬业变成习惯，你会一辈子从中收益。

李梅芳是云南中豪公司的采购主管，出身于农村的李梅芳，学历并不高，但是为人忠厚老实，做事敬业本分是她深受中豪公司董事长刘卫高重用的关键因素。在中豪公司，李梅芳的名字如同寒梅一样，"芳香四溢"。

说起李梅芳的成功之路，不免让人想起一条简短而笔直的胡同。李梅芳在2008年11月之前，她是昆明市官渡区矣六街道办事处宏仁村农民。高中毕业之后，她在村里的幼儿园当孩子们的"阿姨"，后来结婚生子，丈夫在一家乳业公司当质检员，而李梅芳就守着家里的三亩田地，为了增加家里的收入她又开始种花。但是2008年11月以后，声名远播的螺蛳湾批发市场从昆明城南被“移动”至官渡区矣六办事处，李梅芳所在的宏仁村也在其中。因为土地被征用，李梅芳的种花事业结束了。

随后，李梅芳和村里的很多姐妹一起来到云南中豪公司工作，到了中豪公司，李梅芳因为没有一技之长，便只好从事炊事员的工作。李梅芳并没有嫌弃这份工作，而是认真负责地做好每件事。干了一年多，公司办公室主任李娟觉得她厚道勤奋，敬业正直，便提升她为“食堂主管”。这份工作并不简单，李梅芳每天要负责2000多人三顿饭，从采购到上桌，全部工序都是李梅芳带着16个人做的。

做了半年多，李娟发现自己并没有看错人，这时公司采购主管刚好离职，李娟便向老板推荐，让李梅芳接手这份工作。李梅芳知道，采购主管不是一般的工作，在民营企业里，采购主管多少老板自己的家人或亲信，她说：“公司让我做这个，说明人家信任我啊，我要干不好，工作出问题，对不起公司。”

中豪公司每年采购进来的物资上千种，每年有上千万的资金从李梅芳手中流出。但是从2010年李梅芳担任采购主管以来，没有出过任何纰漏，因此李梅芳深得公司领导的信任。作为李梅芳的直属上司，李娟感慨地说道：“市场经济发达的今天，老实本分其实就是稀缺资源，我们需要高学历、高技能的员工，更需要像李梅芳这样本分老实厚道，人品很好的人，公司的制度再严密也替代不了员工的道德素质。”

李梅芳表示，做采购主管她遇到过好多次利益的诱惑。她说：“很多供货商都要请我吃饭，我都找借口谢绝。不能吃啊，吃人嘴软，拿人手短，吃了他的饭，就不好意思在工作中拒绝他的过分要求了。”更让人钦佩是的李梅芳会很直接地拒绝“诱惑”，她说：“他要诱惑我，说明他的东西不怎么样。只要哪个哪个供货商有过‘诱惑’我就再也不和他打交道。”

李梅芳在工作上的敬业是被公司领导看在眼里的。在采购上，李梅芳总是尽力做到为公司采购到价格最低，质量最好的产品。学历不高的她采取的货比三家的办法，当供货商报了价以

后，她会到处跑，去看看其他厂商相同货物的价格，然后再看报价的供货商们有无售后服务，还要叫他们缴纳质量保证金。有段时间，公司在资金周转上遇到了困难，供货商不愿赊账，李梅芳拿出自己的住房做“抵押”，她带着供货商到家里，说：“我有这幢房子还会亏欠你不成?”用这种方法，李梅芳成功的采购了公司所需的物资，保障了公司的正常运行。

2011年，李梅芳被老板刘卫高点名报送参与评选昆明劳模候选人，李梅芳不负众望获得了“昆明市劳动模范”的荣誉称号。李梅芳的敬业厚道，诚实本分，是她获得今日成功和殊荣的关键。

通过李梅芳的故事，我们不难看出员工的敬业态度对成功有多关键。所以，员工不管在什么岗位，都要专注、认真、负责地干好每一份工作，坚定不移地秉承敬业的精神，唯有这样你才能够成为优秀员工。

其实，在构成一个人的能力的因素中，知识只占20%，技能却能占40%，剩下的40%就是态度。所谓的态度就是敬业精神，敬业精神是我国劳动人民的优良传统，是十分宝贵的精神；敬业精神是平凡的，同时又是伟大的，没有平凡的敬业就没有伟大的奉献。爱岗敬业、做好工作是不仅是员工个人生存和发展的需求，而且是社会发展的需要。

2 崇敬所在岗位是最大的敬业

古往今来，敬业精神一直被人们推崇。敬业精神是社会发展的需要，是企业增强竞争力的需要，更是一个人生存和发展的需要。敬业精神不仅对国家、企业有益，也有利于我们自身的发展和进步。一个人不管从事什么职业，都要尽心尽责，尽自己最大的努力做好工作，提升自己，这不仅是工作的原则，更是人生的原则。

如果一名员工能够从事一份自己喜欢的工作，是非常幸运和幸福的事情。因为对工作感兴趣，所以能够在工作上更加敬业，也能全神贯注地投入其中，心情也会很愉悦。相反，如果工作并不是自己感兴趣的事情，员工就很难有工作激情、尽心尽责地做好工作。但是想要成为工作上的成功者，不管工作是否感兴趣，都要无怨无悔，始终以积极的态度主动地创造性地做好工作。

职场中的领导会要求员工要树立高尚的职业道德，所谓高尚的职业道德就是对职业的崇敬之情，敬业是职业精神的灵魂。敬业用最简单、最直接、最有力的话来说就是良知与自觉，而崇敬自己的岗位就是最大的敬业。崇敬自己的岗位，竭尽全力把工作做好，这是员工应该做的，不需要领导的督促与鼓励，在工作中倾注自己的全部精力和时间。崇敬岗位是最大的敬业，敬业是积极向上的人生态度，是一个人对自己、对企业、对社会负责的具体表现。崇敬岗位、忠于职守、尽心尽责、精益求精等都是敬业的表现。

崇敬所在的岗位最关键的就是敬业，而敬业首当其先的就是员工要热爱自己的岗位，因为只有员工爱上自己的工作岗位，他才会全身心地投入到工作中去，才会把身心融入到岗位中，才能在自己的岗位上做出不平凡的贡献。

李学斌是一名共产党党员，安徽芜湖惠丰省级粮食储备库质检科长、国家粮油保管技师。他在工作岗位上埋头苦干、开拓创新，带领其他员工克服困难，为企业的发展做出了突出的贡献，有效地提高了企业的显著效益。在工作上李学斌不仅崇敬自己的岗位，争取做到最好，还能够严于律己，处处创争优先，出色地发挥了共产党员的表率作用。

在2010年5月份全国粮食行业职业技能大赛上获得银质奖章，李学斌被国家粮食局授予“全国粮食行业技术能手”荣誉称号。回顾李学斌在工作上的表现，我们可以清晰地看到，李学斌被授予这个称号，当之无愧。

李学斌在粮库任职初期，粮库正处于百废待兴的状态，由于

经费紧张,从粮库的打扫到封闭粮食入库,李学斌都和员工一起亲力亲为。当时工资仅有几百块钱,面临艰苦的环境,有些同志选择了放弃,周围也有不少人劝他“何必去受这罪呢?”,每当这时,李学斌就说“我学习的专业就是粮食,我热爱”。为了企业的生存和发展,李学斌毅然决定留下了,在粮库,李学斌奉献出自己的青春。

李学斌作为一名共产党员,在工作上处处严格要求自己,始终保持高度的工作热情和上进心。充分地发挥了共产党员的先锋模范作用,处处以企业利益为重,忘我工作,不计名利。他爱库如家,以自身的行动感染着身边每一位员工,使大家自觉地进入到艰苦创业工作中去。身为质检科长,严格执行国家标准,热情为售粮群众服务,每年到收购季节,他总是天刚亮就赶到粮库取样化验,晚上带领保管员要把所有售粮农民的粮食收完才下班,他公正地对待每一位售粮群众,从未收过一粒人情粮,使农民兄弟真正感受到了国家惠农政策的温暖。

怀着对岗位的崇敬之情,李学斌凭借自己过硬的专业知识和善于钻研的精神,带领着科室的其他人员,不断创新企业内部管理模式,引入新的保粮新技术。在2008年,在4000吨省级储备粮保管满三年轮换出库时,由于粮库粮食品质好,深受广大用粮客户的青睐,在同批次竞价销售的粮食中,售价最高,出库损耗最少,仅此两项即为企业增加效益六十多万元,不仅为企业增加了经济效益,而且取得了良好的社会效益,受到了省粮食局、省财政厅领导的肯定和奖励。

李学斌优秀的工作成绩,无疑是爱岗敬业的结果,他在一个普通的岗位上,创造了不平凡的业绩。这是他用自己辛勤的双手和一颗敬业的心铸就的,他书写了新时代共产党员的传奇人生。

任何一个工人的在事业上的成功都是他们热爱岗位争创一流的成就。只有从内心深处喜欢这份工作,真正的热爱自己的岗位,珍惜自己的工作机会,才能够在工作中,积极进取,充满责任感不畏艰辛的为工作付出努力,创造出非凡的成就。

工作对于人们来说,是生存的需要,更是实现自身价值的需要。在深化改革的企业里,很多老板都要求员工要爱岗敬业,敬业的最大要求就是要崇敬自己的岗位,这样员工才能够热爱自己的岗位,珍惜自己的岗位。唯有这样,员工才能够在工作中充满责任感地干好自己本职的工作。其实,很多工作的环境和内容并不会称心如意,但即使不喜欢自己的工作,敬业的员工仍旧能把工作做好。所以,不管员工在什么岗位上工作,都要尊重自己的岗位,充满热情和责任感地干好自己的工作。

李振强是一家连锁超市的打包员,日复一日地重复做着技术含量并不高的工作。一次偶然的机会,李振强听了一个主题为建立岗位意识和重建敬业精神的演讲,于是决定要通过自己的努力使自己单调的工作变得丰富有趣起来。

听完演讲回家以后,他就让身为计算机工程师的父亲,教他如何设计程序。然后,李振强每天晚上下班回家,就开始寻找“每日一得”,输入电脑,然后打上好多份,并在每一份的背面都签上自己的名字。第二天他给顾客打包商品的时候,就把那些写着“每日一得”的温馨、有趣或发人深省的纸条放入客户的购物袋中。

结果,有趣的画面出现了。一天,连锁超市的经理去店里巡查,发现李振强的结账台前比其他结账台排的队伍多了三倍。经理见状,大声喊着:“大家不要挤在一个地方,可以去人少的结款台结账。”但是没有人理他,有位顾客说:“我们都在李振强的队,是想要他的‘每日一得’”……

李振强的创意,就是在敬业的精神下激发出来的。李振强的故事再次告诉我们,不管你所从事的工作是无聊或者有趣,都不能成为你不敬业的理由。身在岗位,担负着振兴企业的职责,就要努力地工作。崇敬自己的岗位,胸怀进取心,付出艰辛的努力。在平凡中创造奇迹,不断进取,不断向上,踏踏实实地干好每件事,就能把自己的潜力最大限度地发挥出来,就能成为出色的员工,开创出自己的事业。

3

敬业就是不把“苦劳”当“功劳”

“没有功劳也有苦劳”这句话在生活中我们经常会听到，久而久之，人们会把功劳和苦劳等同起来。其实，在工作中，苦劳和功劳有着明显的差别的，敬业的员工是不会把“苦劳”当成“功劳”的。为了帮助员工们更好的区别“苦劳”和“功劳”，现在我们先来理清下什么是“苦劳”，什么是“功劳”。

在职场中，所谓的苦劳是针对员工付出的劳动而言的，与企业的目标没有非常紧密的关系。因此，才会有“没有功劳也有苦劳”这句话。而功劳是对企业目标或产出而定的。只要员工付出的努力有助于企业达到目的，直接或间接地为企业创造出财富，才可以说员工为企业立下了功劳。

不管在哪个企业，被委以重任的员工并不是那些只知道埋头苦干的员工，而是那些成绩出色、办事效率高的员工。因为重视成效的员工，才会有更大的发展前途，才能够创造出更多的价值。著名的联想集团有这样的一个理念：“不重过程重结果，不重苦劳重功劳。”作为一名员工，想要有一番成就，在工作中应追求“功劳”，而不是“苦劳”。

付瑞玲写得一手好文章，为人处世也很圆滑，她善于察言观色，更擅长拍马，曾经是老总面前的大红人。可是最近公司上市重组，经理竟然把身为办公室主任的付瑞玲下放了。

付瑞玲高职毕业以后，就在公司工作，至今已经有16年的工龄。16年来，付瑞玲从营业员一步步升到部门主管的位置。正当她朝着部门经理的位置努力时，上面把她调到了经理办。这是后勤部门，虽然收入不如一线，但工作时间朝九晚五，工作量小。对于已经结婚生子的付瑞玲来说这样的安排如鱼得水。

付瑞玲所在的公司是一家国营公司，注重的是营业额，付瑞玲所在的后勤科室主要是辅助一线。付瑞玲在后勤科室熬了几年,凭借着丰富的经验和深厚的资历接管了经理办公室的主任。随着公司的发展,一批又一批的新人进入公司。付瑞玲的在工作中理所当然地把费力、费脑子的活交给新人干,自己只负责一些相对轻松的工作。有时候清闲起来,就和同办公室里的姐妹们嗑嗑瓜子,聊聊天,偶尔还能利用职务之便捞点外快。

去年公司加快改革的步伐,付瑞玲明显地感觉到工作越来越吃力,但是她总觉得自己是公司的元老,不管怎么改革,自己照样能捞个一官半职。当公司上市重组的消息传开,董事会开始大刀阔斧地调整领导班子,付瑞玲真切地看着高层领导大换血,第一次感觉到自己的岗位岌岌可危。当然,高层并没有把中层和基层的干部一下子全部换掉,而是开设了英语和电脑培训班,利用晚上的时间,聘请外面的讲师给公司员工讲课。付瑞玲只有职高的学历,读书时英语就不好,这会儿赶鸭子上架似的让她学英语,她连说都说不好,听力更是差强人意,电脑她也没有接触过,上了几堂课还是懵懵懂懂的,后来索性不来上课,当其他同事都在学习、充电的时候,她已经早早的躺在床上看电视剧了。

公司为期三个月的培训结束后,中层管理人员竞聘上岗,付瑞玲意料之中的被刷了下来。公司念她是老员工,并没有安排她下岗,而是安排她要么去营业现场卖货,要么去存车处工作。付瑞玲认为自己都快四十的人了,不再想去吃站柜台的苦,但是让她去存车库看车,她嫌丢人。

于是,付瑞玲先后找到董事长、总经理,委屈地哭诉说:“我这十多年了,把自己都卖给公司了,没有功劳也有苦劳,到头来却落得如此下场,不公平……”董事长和颜悦色地劝她服从公司的安排,并说这是对你最大的照顾了。总经理说话没董事长那么客气,他说:“公司不是慈善机构,你从学校出来就到公司工作,公司少给过你一分钱工资吗?少算过你一份节日福利吗?你为公司工作,公司付你薪水,很公平。”这番话说得付瑞玲哑口无言,垂头丧气地走出经理的办公室,她知道现在找谁都不顶用

了，一气之下她向上司请长期病假。只是这个计策现在已经不顶用了，人力资源部毫不留情地对付瑞玲说："三个月不到岗，视为自动离职。"

相信付瑞玲最后一定会回到公司，继续工作的。也希望她已经深刻地体会到在职场中，苦劳和功劳不是等价的关系。在职场中，适者生存，劣者淘汰，是经久不衰的真理。

当下社会是个多元化的时代。员工如果不能与时俱进，适应时代的变化，就会被社会抛弃，被企业淘汰。职场如战场，要的是实力而不是情感。如果员工没有敬业的精神，不尽心尽力地干好工作，总是拿"没有功劳也有苦劳"这句话为自己的低效工作找借口，这样的员工是不可能成功地完成工作任务的。

现在有不少员工认为，做好一项工作，只要做了，不管结果如何都算是干出了成绩。当领导交给他一个任务的时候，他就会产生没有功劳也有苦劳的观念，觉得领导安排我做这件事，我就做，我只对事负责，不对结果负责。其实这样的想法是非常错误的，因为企业或领导需要的做事，要的是员工做这件事的结果而不是过程。作为一名员工，不能完成本职工作，任何原因都是借口，结果才是最重要的。

如果企业想要始终保持创业的状态，就需要让"每个细胞都充满活力"，每一名员工都敬业地解决问题，完成任务。此外，一定要摒弃没有功劳也有苦劳的观念，要知道只有承认功劳才会有进步，承认苦劳的后果只能是退步。苦劳是一个循序渐进的过程，只有功劳才是业绩的具体表现。企业里，不管员工有多勤奋，多能吃苦，如果创造不了价值，没有业绩，只有苦劳，没有功劳又有什么用呢？

4

节约、不浪费的员工最敬业

敬业是什么呢？敬业就是诚实守信，尽职尽责。员工只有具备敬业的精神，才能够把所有的工作干好，达到完美的境界。每一个有责任感的员工，都应该在工作中培养自己高度的敬业精神，有了敬业精神才会自觉地为企业节俭，才能够做到节约不浪费。敬业不仅是优秀员工所具备的基本修养，也是节约不浪费的最佳途径。一名不敬业的员工对企业是很难做到节约不浪费的，同样的，如果员工不知道节俭是很难真正地做到敬业。

在企业里，任何一个员工微不足道的行为都有可能影响整个企业。作为员工，能否在工作上为企业创造价值，是否能在工作中养成良好的品质，这些都可以从敬业精神中体现出来。有敬业精神的员工，会在日常工作中积极主动、奋力进取、齐心协力、敢于创新地干好每一件事。而这种尽职尽责的敬业精神，回归到经济学上来看，就是要自觉地为企业节省每一分钱，尽量节省一切不必要的成本支出，让企业用最小的成本来获得最大的价值。

张吉是神华宁夏煤业集团灵新矿矿长，同时也是一名优秀的共产党员。他曾连续三年被授予宁夏回族自治区安全生产标兵，中国煤炭工业协会节能减排先进个人，神华集团优秀党务工作者。在张吉的人生中，他把工作当做神圣的事业去追求，通过事业他的人生价值得到了升华。但是，几经风雨，如今事业成功的他依旧像以往一样，风轻云淡地告诉前来采访的记者："我永远是一名矿工，而且很高兴能够一直为矿工兄弟们服务。"

张吉的故事追溯到三十年前，那年，22 岁的张吉从学校毕业以后，在亲友们不解的目光中，加入到宁夏煤炭"拓荒军"的行

列，当了一名技术员。三十年来，张吉把自己的青春和热血奉献给了煤炭事业，也奉献给了他情同手足的矿工兄弟们。

在煤矿工作，安全是第一位的。张吉也经常这样告诫同事，并严格地告诉自己："作为煤矿管理人员，必须对每位员工的生命安全和人身安全高度负责，这是最现实的以人为本。"2009年的时候，张吉担任汝箕沟煤矿矿长，当时，汝箕沟矿井瓦斯安全问题十分严重，传统的通风排瓦斯工艺存在诸多漏洞，瓦斯超限报警仪经常发出"吱吱吱"的报警声。为了尽快解决这个问题，张吉接连熬了几个通宵查阅能找到的所有瓦斯抽采技术资料，并形成了自己的瓦斯抽采意见，在与上级部门反复沟通后，最终在矿井中安装了国际先进的瓦斯抽采设备。

在张吉的带领下，汝箕沟煤矿一举甩掉了"安全不放心矿井"的"帽子"。此时，有人建议张吉摆个庆功宴，张吉当场就拒绝了，他说："我们搞煤矿管理的，时时刻刻都要夹着尾巴抓安全，来不得半点自满。"他十分清楚，抓生产安全并不是一日之功，为了这次小小的成果，就大摆筵席，实在是浪费。

宁夏西海固地区因"贫瘠甲天下"而闻名。这里是张吉的故乡，他常说："我是穷娃儿出身，在老家念书的时候，能吃饱就不错了，就看不惯浪费。"近几年，全国的煤矿生产成本都在逐年的增大，张吉身为矿长，更是把生活的节约习惯带到了工作中。他把节支增效的着力点放在区队班组上，将各项经济指标分解到班组、到人头，推进联动成本考核责任制和班组核算，对成本实行双控制、双考核，开展班组评星定级管理，使成本得到有效控制。在群众性技术创新工程中，他还采用以员工名字命名技术革新项目的做法，并在奖金分配上，坚持向苦、脏、累岗位倾斜。工人们高兴地说："我们的收入比一些中层干部还要高，在过去，真是不敢想啊！"

张吉在工作中节约不浪费变成一种习惯，这不仅是张吉也是每一个员工都必备的一种素质。如果员工不具备这种素质，没有节俭的习惯，就会养成懒散、浪费、不认真、不负责的做事态度，这样的人是很难成功的。

如果你想在职场中成就一番事业，保持你的敬业精神和节俭意识是必不可少的。只有具备了这些,你才能够把自己的工作干得更好,更出色。克里蒙特·斯通也说过:“虽然表面上看你是在为老板工作,可是,用长远的眼光来看,你是为了自己而工作,因此,要把工作当做自己的事情来做,认真负责、任劳任怨。”可见工作中认真的态度,节约的习惯是你走向成功、拥抱梦想的阶梯。

在工作中,始终保持节约不浪费的员工是敬业的,他们善于为企业省钱,是具有节俭精神的优秀员工。这样的员工无论干什么工作,都会首先从企业的角度去思考,把自己当成企业的主人,处处为企业的利益着想。

任何企业任何一个老板,都喜欢节约不浪费的员工,不管老板本人有多大方豪爽,他喜欢的员工一定是善于为企业省钱的员工。所以,员工想要得到老板的信赖和重用,就要敬业的工作,处处为企业着想,事事为老板省钱。当所有的员工都能够从企业的角度思考问题,解决问题,就能够在工作中自觉地为企业省钱。这样的员工就能意识到成本控制的必要性和合理性,进而在工作中时刻牢记控制成本的准则,做出成本控制的决策,这样的员工才会是企业最需要,最有潜力的员工。

5 工作有激情才会更敬业

工作有激情才会更敬业,激情是员工高效率工作的保鲜剂。在工作中,员工需要主动寻找工作中的激情,有了激情,即便是身处险境、困难重重也能克服困难,有所建树。

所谓的激情是一种强烈的、具有爆发性的情感。激情是一种人生情感和品格,是精神境界和力量之源。员工有工作的激情才会更敬业,有了激情才能在工作中以情感为动力,激发潜在的能力,让自己时刻迸发出热

情和力量,时刻处在积极进取之中,这样才有足够的动力朝向明确的目标拼搏奋斗。

企业里,员工有了对工作的热情和激情,才能干好工作,完成任务。激情能够促进员工提高工作能力,激励员工燃起成功的希望,推动员工在工作中不断地前进,最终成功实现梦想。

赵永是某大型企业集团湖南区域经理,他是一个平凡的东北汉子,在平凡的岗位上,干出了不平凡的业绩。赵永来到此集团任职之前,曾在一家公司担任高级管理人员,也颇有成就。当记者问他为何跳槽选择泸州老窖,他这样答道:“最感动我的是两点,一是泸州老窖博大精深的酒文化,悠久的历史,酒中泰斗浓香鼻祖不可替代的地位,特别是具有活文物之美誉的国宝窖池,让我着迷。所以我坚信,泸州老窖的产品肯定有非常好的市场前景。了解泸州老窖和它的产品后,我觉得,在这里可以更好地实现我的人生价值。二是泸州老窖集团强有力的领导集体,敬人敬业,创新卓越的企业精神,和谐进取的员工团队文化,更加坚定了我进入泸州老窖公司实现人生价值的决心。”

赵永是一个典型的东北人,自信质朴,有着东北人惯有的幽默感。在工作之余,他喜欢跟同事们谈天说地几句,经常会把大家逗得前俯后仰。在泸州老窖企业工作两年间,赵永的激情、自信,敢人为先、勤奋拼搏是他留给同事和客户最深刻的印象。

对于赵永本人来说,来到泸州老窖这个新环境、新行业,一切都得从零开始,这也是他人生中又一次挑战。2009 年 8 月,赵永被派往浙江,负责杭州市场。他带团队、抓客户、推品牌,在短短的半年,杭州市场焕然一新。2009 年泸州老窖公司销售主管擂台赛赵永获得了第四名,虽然不是他永争第一的性格所想要的,但这无疑是对这位新人最好的肯定。

2010 年初,赵永被公司派到湖南长沙,负责公司营销三梯队长沙组。在长沙的工作初期,他与组员们同吃同住,“没有架子,和大家相处很好,我们都称他‘永哥’”,员工石雯说。他把经销商体系成功导入 KPI 考核,整个经销商员工队伍面貌焕然一新。就连经销商也异口同声地说:“赵经理和第三梯队的到来,让我们的公司有了新气象”。

同年8月,泸州老窖公司公开向全营销体系招聘片区经理,赵永以第一名的成绩升任湖南片区经理。赵永在营销实践中,思路开阔敏锐,大胆创新“国窖1573”在湖南县级市场的打造,打破传统渠道模式,首先以专人专职做实全省30个重点县,实现“省管县”。这样,30个核心县级市场今年有望完成销售额5000万元。

赵永自豪地告诉记者说:“泸州老窖集团及其产品质量和品牌优势,给了我力量和信心,今年又是公司‘十二五’规划的开局之年,更是湖南市场的基础年、关键年。预计今年的销售额将比去年同期大幅度增长,将大大超额完成公司下达的目标任务。”

面对事业上的成功,赵永这样对我们说:“放手一搏,重过程,更重结果,挑战15亿的销售指标,打造一支150人的精英团队,使泸州老窖成为湖南市场的第一品牌,这是我的使命。让我的激情在泸州老窖这个舞台上尽情地燃烧吧”。

赵永的成功,不仅是个人努力的结果,还是整个团队、整个企业的每个员工满怀激情,敬业奋斗的成果。如果员工在进入职场以后,能像赵永那样始终保持工作中的激情,不断地给自己施加压力,加强工作的难度和复杂的程度,创造超越自我的机会,就能够在职场中成就一番事业。

员工在工作中要如何充满激情呢?首先,员工要确立正确的人生观和价值观。这是激情的来源,当员工树立了正确的人生观,就会逐渐懂得人生的真谛,让自己的言行符合企业的要求,符合社会的道德规范。

其次,员工可以在学习中培养工作激情。激情与员工的年龄无关,而是与员工个人的综合素质、知识水平有关。一个不爱学习、不爱看书的员工,日常工作中,一定会是懒散的、沉闷的。任何人没有了学习的状态就缺乏了灵气、主动性和勇气。没有学习状态的员工也会无法适应企业的发展、工作的需要,在工作上不会有很大的发展空间,也不会受到领导的重视和重用。

最后,员工可以在不断克服困难中培养激情。当员工在工作的时候,遇到困难时,必须保持积极向上的激情,才能找到方法,解决困难。如果没有敬业的精神,没有激情的状态是无法做到迎难而上的。员工们要知

道，每一次的困难和坎坷，都是对自己意志和激情的考验和磨砺，克服了困难也就坚定了意志，调动了激情。

生活没有激情是平淡的，工作没有激情是平庸的。干好每一件工作，都需要激情，有了激情才会最大限度地实现自己人生的价值，成功一番事业是每个员工在企业中敬业工作的目标和愿望。而想要实现这个目标，就需要员工们在工作中敬业，干好本职工作，怀着激情工作。

第十二章

对企业无私奉献，你会把工作干得更卓越

在工作中勇于奉献的员工，才能够做出卓越的工作成绩。奉献的精神来源于员工内心的对人生和企业感恩的意识，这种意识促使员工忠于职守，热爱工作，并对工作满怀激情。只有懂得奉献，把奉献作为快乐的源泉才能把工作做好。

1 要想永远干得卓越，必须永远懂得奉献

说起“奉献”，很多人都认为，奉献是伟人和英雄们做的事，与普通人无关。那是因为但凡提到奉献一词，许多人都会认为奉献就是牺牲，是在涉及国家危亡和人民生命安全受到威胁时的慷慨赴义。其实，在日常的生活和工作中，普通人也在默默无闻地奉献着自己的智慧和才干。正是有了千千万万普通人的奉献，社会才会呈现出一片欣欣向荣的景象。

我们每个人都不应该小看自己的工作，哪怕是最细微、最平凡的工作，也离不开我们的辛勤劳作。因此，就算是作为一名普通员工，也应该在工作中，有奉献精神，这样才能将平凡的工作做出卓越的成绩，在平凡的工作岗位上表现出卓越。在企业中有成千上万这样的员工：坚守在自己的工作岗位上，不计回报地付出自己的心血，把对工作的付出和投入视为自己的职责所在，认认真真、兢兢业业。因为他们的付出，才有了经济的蓬勃发展，我们的时代才会充满生机和活力。

在经济快速增长的时代，要想在职场取得成就，就要永远懂得奉献，才能永远将工作干得卓越，才能成为卓越的职场精英。懂得奉献的员工，无论在什么样的企业，从事什么样的工作，都会成为人们效仿的楷模，都会受到人们的尊重和敬仰。

爱因斯坦说：“人只有献身于社会，才能找出那实际上是短暂而有风险的生命的意义。”对于工作，也是一样。人只有献身于自己的工作，才能在为社会和人民做出贡献的同时发现自身的价值。

潘武忠，是中国南方电网公司凯里供电局城区分局配电操

作抢修班的高级作业员。由于工作需要，他经常要爬上带着上万伏高压电的电线杆，出入闷热的配电房和配电井。他已经在这个岗位上坚守了20多年，每年至少带电作业150多次、抢修2500多次、操作次数近1700次。而他对此并不感到辛劳，他说："电给人们带来了幸福、给城市带来了光明。而我，愿意做一个守护光明的人。"这个"光明的守护者"用他的敬业奉献精神感动了许多人。

潘武忠刚参加工作时，整天忙着研究技术，有不懂的问题就向师父请教，或者就和工友一起研究到深夜。他还很喜欢读书查阅资料，他的读书笔记已经放满了一个大木箱。他认为自己就像《士兵突击》里的许三多，因为"笨"，所以想要成功，就需要吃苦、上进。凭着自己肯于钻研，肯于吃苦的精神，他在贵州电网公司、凯里供电局举办的配电技能比赛和带电作业比赛中多次获得出色的成绩。他希望自己可以在这个岗位上干到退休，退休后把爬电杆作为自己的一项体育运动。

2008年初，贵州遭遇特大雪凝灾害。许多电路损毁，需要紧急抢修。潘武忠深知事情的严重性，所以一直坚持在抢修一线上，即便生病了也甘愿坚守岗位。一次，由于街道结冰，路面太滑，他不慎摔伤了，也没顾得上休息，又连续多次进行杆上作业，后来在处理凯里城区10千伏冷水支线时，因一直趴在结冰10多厘米的电杆上几个小时加重了病情，一下电杆，他就感到胸部阵痛，呼吸都有些困难，但就是这样，他也一直忙于工作，没有去医院检查。

在城区供电分局保电过春节抢修最繁忙的时期，潘武忠在抢修工作中连续杆上作业4个多小时，回到地面就感觉到眼皮沉重，睁不开眼睛，且眼泪直流，嘴巴也半天张不开。但他仍然坚持工作到午夜。第二天吃早饭时，他发现自己的上下颌不能运动自如，同事也发现他的嘴巴歪了，脸变形了。在上午的抢修任务完成后，他终于听从同事的劝说，到医院接受检查治疗。经过检查，他患上了面瘫。医生说如果再晚来几天，就可能留下嘴歪眼斜的后遗症。但他却心系居民正常用电，担心因为自己影

响了工作进程。他坚定有力地说:“大家用电比我的脸重要!”

潘武忠的奉献精神让无数人为之感动,他是人们心目中的“光明守护者”。在公司的利益、人民的利益面前,他总是在牺牲自己的个人利益,甚至毫不在乎个人利益。作为凯里供电局的一员,他是一位优秀的电力抢修工人;作为社会的一员,他是一位无私奉献的好公民。潘武忠的故事告诉我们一个真理:要想永远干得卓越,必须永远懂得奉献。

诚然,一份职业,一个工作岗位,都是一个人赖以生存和发展的基础,然而,只把工作当做维持生计的手段,就缺少了敬业奉献的精神,是不可以将工作干得卓越的。缺乏奉献精神会让你不能坚守在工作岗位上,不能投入自己的工作热情,在困难面前显得懦弱无力,没有挑战困难的勇气,更没有克服困难的能力,工作只能是一败涂地。

有一位美国总裁告诫自己的员工说:“要么奉献,要么走人。”话语严肃有力,也诠释了“要想永远干得卓越,必须永远懂得奉献”的现实意义。事实上,每个人都在工作中,“有意无意”地奉献着自己的光和热,在不知不觉中享受着他人奉献的成果。永远懂得奉献,是我们全身心投入工作的心灵力量,这样的工作状态,会让我们自动自发地展开工作,不计较个人得失,只有这样,我们才能使自己的工作永远卓越。

2 因为心存感恩,所以永远奉献

懂得感恩是一个人的优秀品质,一个懂得感恩的人是有福的,身边的所有人都会受到他的感染,他的乐观、喜悦都会对身边的人带来益处,没有人会不喜欢一个时刻心存感恩的人。在职业生涯上更是如此。一个人要在工作中度过人生的三分之一,这三分之一的时间里都要与自己的上

司和同事度过，因为心存感恩——感恩企业，感恩上司，感恩同事……所以，时刻保持对企业的奉献精神，全身心地投入到工作中，他也更容易在企业、上司、同事的关怀下实现自身的价值，工作的过程不再枯燥乏味，而是多姿多彩。

企业为你提供了发展事业的平台，让你在这个平台上学习、成长，从稚嫩到成熟，从浮躁到踏实，所有的成绩都是企业帮助你发展的见证。你需要对它心存感恩，感谢在这样一个地方，让你不断收获进步与成就感，你不断积攒错误与解决的办法，你不断迎接挑战与战胜自我……工作向来不分高尚与卑微，你在这里发展的每一天都应该对它心存感恩，并用这感恩的力量促进自己永远奉献。

上司为你提供了发展事业的机会，让你有机会在企业这个平台上施展才华。表扬你的业绩，肯定你的才干，批评你的错误，监督你的失职，在你取得成绩时为你喝彩，在你陷入危机时给你鼓劲，你的上司给你的不单是工作的机会和工作的报酬，更是信任与鼓励，因这信任和鼓励的难能可贵，让你信心满满、干劲十足，所以不得不心存感恩，并用这感恩的力量更好地为企业奉献自己的力量。

同事为你提供了发展事业的协助与氛围，让你可以在一个融洽、和谐的空间里日益茁壮，在一个新的环境里，从陌生、不适到熟悉、享受，从业务不熟练到独当一面，同事的帮助无处不在。一个人的力量固然有限，团队的力量才强大有力、无坚不摧。因为同事和你共同组成的这个坚若磐石的团队，让你除了获得帮助外，更能弥补自身的缺陷，发挥自身的优势，把工作做得更好，所以你更应该心存感恩，并用这感恩的力量为你的团队奉献力量。

感恩让你拥有积极的心态，也让你拥有永远奉献的精神，当你时刻用感恩的心对待你的工作和工作中的人与事，你会更愉快地工作，也会把工作做得更卓越。

徐莉蓉是一家知名餐厅的服务员，虽然这家餐厅布置高档，来这里吃饭的客人都很有素质，且不乏知名人士。但是这里的工作人员在新鲜感过了之后，还是会同其他餐厅的服务员一样，不满服务工作的劳累、紧张。徐莉蓉也是一样，她对这种服务工作越来越感到窒息，她觉得自己就像是一只被放在死海里的鱼，连呼吸都困难。带着这样的想法，她越来越不能认真对待工作，经常心不在焉。同她刚来时的态度相差很大，她的主管发现了，就把她叫到办公室，问她是否有什么工作上的困难。

“我感到糟糕透了，每天都感到很疲惫。我根本无法适应这份节奏感很强的工作。”徐莉蓉向她的主管抱怨道。

“没关系，我教你一个简单的办法。”她的主管笑了一下，继续说道：“你每天至少说30遍‘感谢你’或‘我很感恩’，记住，要面带微笑，并发自内心地说出来。”

徐莉蓉觉得这真是一个滑稽的做法，就抱着试试看的态度，每天坚持按照主管的说法做。刻意地发自内心让她感到很别扭。可是几天过去了，徐莉蓉感觉身边的同事似乎对她友好了很多，客人对她也尊重了许多，而且她在说“谢谢”“感恩”的时候也越来越自然，慢慢地，她真的开始有了感恩的心态，她开始发现周围的事并没有先前想象的那么糟糕和令人难以忍受，在为客人服务时她更能体会到自己的价值。最后，她发现自己的工作很愉快，不再感到难以适应和透不过气。这都是源于感恩的心。

主管教给徐莉蓉的“感谢你”、“我很感恩”都是为了让她能够通过练习，从心底里升起感恩的情怀，感恩是自然而然生发的，那么奉献也就会自然而然地诞生，在奉献中，个人更容易受到喜爱，也更容易体会到自身的价值。

因为感恩企业，所以乐于在企业的进步中增添自己的一份力；因为感恩上司，所以乐于在工作中执行上司的命令；因为感恩同事，所以乐于在工作中帮助他们。因为心存感恩，所以乐于全身心地投入到工作中，一直为自己的工作默默奉献。

感恩的力量是巨大的，既可以让你拥有平和、乐观、豁达的心态，还可以让你更好地为自己、为他人、为企业奉献自己的力量，实现自己的价值。感恩是一个优秀员工必备的心态，它可以让你拥有高尚的灵魂，让你获得上司、同事的喜爱，让你的知识和能力更好地施展，让你在人生最重要的一部分经历中时刻保有好心情，在永远奉献中收获卓越的事业成果。

3

忠诚让你全力奉献

有一位成功人士说过："再出色的履历都必须排在忠诚的素质之后。"忠诚是企业对员工最基本的要求，"忠诚"一词理解起来很简单，却并不是每个员工都能做到的。人的忠诚品质具有广泛的意义，一个国家需要忠诚，一个企业需要忠诚，甚至一个人也需要忠诚。一个人凭着忠诚立足于职场，必然会把自己的工作做得更好。

有人会嘲笑忠诚，认为对企业忠诚的人是傻瓜，是蠢蛋，个人的利益才是最重要的。为了追求个人利益的实现，有一些人就会牺牲集体、牺牲企业的利益，把个人利益高高放在集体利益之上，一旦企业的利益受到威胁，这样的员工只会迅速躲闪或是出卖企业的利益，而不是勇敢地站出来维护企业，并在企业危机时奉献自己的力量。这样的员工是可耻的，在企业中是遭人痛恨的。

相比起一个的能力而言，忠诚的品质更显得重要。一个老板在面对忠诚和能力的二选一中，会不假思索地选择忠诚，因为忠诚的员工，才能被委以重任，承担工作中的大事。如果一个员工不忠诚，就算能力再强，也不会得到信任，与其不断地防备还不如不用，所以，忠诚在职场上是非常重要的。能力能够让你进入一家企业，但忠诚才能让你一直在这个企业工作。

忠诚是一个员工的优秀品质，忠诚的员工才能获得老板的信任。在关乎企业兴旺或存亡的关键时刻，忠诚的员工能够在一线尽情地发挥才智，获得力挽狂澜的机会，参与企业的重大决策，并能从不断地挑战自我中获得升迁的机会，以使自己的事业更上一层。

忠诚并不是傻的表现，而是智慧的表现。忠诚是一种道德品质，更是一种生存手段。如果你不能做到忠诚，即便靠牺牲企业的利益获得了一点"好处",也不会在事业上稳定地前进。只有忠诚,你才能乐于奉献,并把工作做得更出色。

蒋必胜和冯忠德同为一家公司下属子公司的总经理。董事会在他们个人未来的发展上存有争议,就决定让他们在一个月内将自己公司的净利润向上汇报,看一下两个人的业绩。

蒋必胜来到分公司,查看了公司账目,核对了一下公司资产。心想:"在短短的一个月时间里,公司的净利润不可能有多少提升,倒不如耍些手段,做做表面文章。"于是,他巧妙地让自己负责公司的净利润在表面看起来增加了。

冯忠德却没有这么多心机,他从正常的经营理念出发,每天都忙着把公司资产核对清楚,了解了基础资产之后着手撰写详细的资产收益报告。并把自己看的问题和解决办法交给董事会,之后大刀阔斧地施行自己的方案,在一个月的期限里,并没有给公司带来大的收益,却保证了它的稳步发展,将以往的一些陋习彻底地清理了一番。

一个月后,董事会查看了两家公司提交的报告。但并不像蒋必胜想的那样,对自己的业绩大加赞扬。因为董事会已经掌握了两人的真实工作情况。最后,蒋必胜被直接辞退,因为他对公司不忠诚。

在企业中,作为一名员工,忠诚是最重要的。蒋必胜为了让自己的业绩超过别人而弄虚作假,他的不忠诚是企业的大忌。

忠诚是企业发展的根基,只有忠诚于自己的企业,才能够享受企业为员工带来的福利。如果失去了忠诚,员工便没有了立足之地,企业也就不复存在了。忠诚的员工是敬业的,他们能够对自己的工作负起责任,也能够从工作中获得无尽的财富。因为始终将企业放在心中,总是将企业的利益同个人的发展联系在一起,所以愿意为企业的发展奉献自己的力量。忠诚的员工是可贵的,他在自己的工作中认真负责、兢兢业业,老板对他充满了感激,所以就会为他提供更好的发展机会。忠诚的员工是能够让老板放心的,他不会为利益就泄漏了企业的机密,即便是从企业中辞职,老板也不用担心他会把自己企业的机密带走。忠诚的员工在企业分配的任务面前,是充满喜悦之情的,他能够积极地完成工作任务,而不会惧于

挑战，不在工作中踏实地解决问题。

职场中，忠诚是根基，既是一个员工敬业精神的表现，也是一个人的基本道德规范。如果你选择了一个岗位，就真诚、负责地奉献自己的力量吧！

4 热爱工作的人才会乐于奉献

对于现代人来说，工作是实现人生价值的最佳途径，如果不工作，或是按自己的喜好来对待工作，就很难在工作中证实自己存在的意义。虽然说大部分人都抱怨从事的工作，并不是自己喜欢的工作，但是，随着生活压力和就业压力的增加，人们不得不面对现实，学会从工作入手，寻找自己生存的价值和奋斗的目标，也是当今职场人士必须修炼的职业素养之一。

事实上，聪明的人会让自己热爱现有的工作，在工作中热爱奉献，为自己的人生开辟出一番新天地；只有愚钝的人才会自怨自艾，终日垂头丧气地应付工作，忙活了一辈子，既无所长，也无成绩可言，人生对于他来说总是黯淡无望的。中国有句古话叫“既来之，则安之”，其实就是告诉我们一个道理：既然我们的生存离不开工作，而且工作不由我们选择，与其不快乐地为这份工作煎熬，倒不如快乐地接受这份工作，爱上工作。因为热爱工作的人才会热爱奉献，懂得奉献才会成为一个受企业重用的人。

如果一个员工不懂得热爱自己的工作，那么，工作对他而言就是一份苦差事。整天无精打采地开始一天的工作，整天都带着恹恹的情绪，更不会为工作投入全部的精力，也就不可能做到为工作奉献精力。这样的员工往往是企业裁员的对象，因为他的存在价值和意义对企业来说是不值一提的。而他在职场只能节节败退，就算他再有才能，也只能被埋没。

其实，工作虽然是我们赚钱养家的一种方式，但更重要的是通过工作，我们实现的是自己的人生价值。只有工作创造了超出薪酬以外的更多价值，工作才是有意义的。疲于为生计而奔波，只会让自己对工作感到厌恶和排斥。或者随随便便地找个工作，想摆脱的时候又发现这份工作在满足生计上十分重要，不仅不能将工作干好，还会给自己无端地增加心理压力。不能从工作中体会到丝毫的快乐，更不会对这份工作负起责任，那么，把工作做得更好、更卓越就只能是空谈。

赖丽芳，上海市劳动模范、市立幼儿园园长。她本着对工作的热爱，带领幼儿园的教职员工，在自己的工作岗位上尽职尽责，将市立幼儿园办得生机勃勃。

市立幼儿园的前身是华东保育院，赖丽芳园长感到身上有一种使命感，她要将前辈们的爱和责任传承下去，让每一位员工都能发自内心地热爱自己的工作，热爱自己的同事，更能把爱献给幼儿园的孩子们。为了把自己的想法变成现实，让爱和责任的传承不至于沦为口号。在工作中，她施行了“与幼儿交往中的亲情式体态语”、“教师行为的十应十忌”等，以此规范了教师的行为。

在新形势下，幼儿园提出了与“市立”相谐音的“四立”教育理念。包括立言、立思、立行、立志。分别着眼于培养孩子勇发问善表达的能力、乐思考勤探究的精神、文明自律的行为和敢于坚持，富有责任心。赖丽芳由此带领教职员工展开了一系列提升幼儿德行的主题活动：“小小寿星”这个活动使得孩子们感受到了幼儿园的温暖，使他们能够大胆、自信的表达；举办感恩节，使孩子们懂得如何回报亲人的爱……

赖丽芳还从不同的发展状况出发，有针对性地提出了从科学管理到隐性管理、再到人文管理的幼儿园阶段管理模式。在她的带领下，幼儿园编纂了《市立教职工成长手册》，并引进了心理学理论中的EAP心理援助计划，以期实现整个团队的和谐。

赖丽芳热爱幼儿园的工作，也希望通过自己的努力使幼儿园的教职员工都能热爱自己的工作岗位，并在自己的工作岗位

上奉献力量，实现价值。

赖丽芳认为，幼儿园的工作虽然是平凡的，但是只要在工作中有爱、有思考、有追求，在平凡中也能感受到快乐。

赖丽芳园长能够把自己的工作做得卓越，离不开她对这份工作的热爱。因为热爱这份工作，所以能够在幼儿园的发展过程中倾注自己的爱，并把这份爱传给幼儿园的所有教职员工，让这些员工也能热爱自己的工作，乐于奉献。

作为一个员工，只有热爱自己的工作，才能拥有健康、愉悦、乐观的心态，才能乐于通过对企业的奉献来实现自身的价值，才能从自己的工作业绩中获得成就感。这些积极的、正面的思想和情绪会促使员工不断努力、坚持奉献在自己的工作岗位上，把自己的工作做得更好。这就形成了一个良性循环，这样的员工是令人羡慕的，因为他既心情愉悦舒畅又取得了事业上的进步。许多人都不明白其中的道理，其实道理就是这样。事业有成就是从热爱自己的工作起步的。

全国劳模李斌说过："为了名利也许能把工作干好，但不会长久，只有发自内心地热爱工作，把自己的工作与产业的发展、国家的发展结合起来，个人的责任心、事业心就会被激发出来，再辛苦再困难都不会气馁。"

一个优秀的员工懂得，只有热爱自己的工作才会甘心奉献，从而激发自己的责任心和潜能，为之努力奋斗，找到自己的人生价值。而且，随着自己不断地收获事业上的成功，他也不会停下前进的步伐，因为热爱自己的工作，就会由心地不断进取，渴望在这份工作中继续实现自己的价值，并希望通过自身的影响，使在这个工作领域里的人都能够体会到这份工作的价值，能够坚持下去，投入全部的精力把它做得更好更出色。

5

对工作满怀激情的人才会乐于奉献

工作没有高贵卑微之分，只要你热爱这份工作，它能够给你提供展示自己的舞台，那么这就是一份属于你的神圣而高贵的职业。如果你对自己的工作充满了激情，那么在工作中遇到再大的困难和险阻，你都可以战胜和克服它，在自己的工作岗位上乐观地奉献。

一个对自己的工作充满激情的员工是幸福的，他每一天都做着自己喜欢的工作，每一天都能充满活力地出现在公司门口，热情洋溢地展开一整天的工作，全天精力充沛地解决各种工作问题。因为充满激情，所以自己就像一个能量场，还像是一部发动机，持续地散热，持续地发电，不仅给自己带来工作的进步，还能让身边的同事跟着受益。充满激情的人乐此不疲地工作着，他的自发性感染着周围的人，他的创造性鼓励着周围的人，他的专注性吸引着周围的人。

激情是你工作的动力和精神支持，你无时无刻不需要它来点亮你工作中的希望之灯，让你能够一直热爱着这份工作；你无时无刻不需要它来给你提供满足温饱的生存条件，让你能够一直为这份工作奉献力量。总有一些人是因为热爱这份工作才进入这个职业的，却在重复、平淡、琐碎的工作中失去了那份激情，忘记了自己的初衷，这是多么可惜的一件事啊！

激情是你工作中的动力，在它的指引和推动下，你才可以精神焕发、活力四射、反应敏捷地工作，拥有了这个动力，你就会永不放弃，乐于挑战，乐于战胜自我，更重要的就是乐于在岗位上一直奉献。不惜余力地工作，你的上司和同事都看在眼里，没有人不对你充满敬佩之情和友好之意。

没有一个员工愿意和一个整天萎靡不振，打不起精神的同事打交道，

也没有任何一个上司愿意任用一个消极懈怠，拖沓懒散的员工。萎靡不振、打不起精神、消极懈怠、拖沓懒散……这些负面的情绪都不会在一个优秀员工的身上看到，在一个充满激情的员工身上更不可能找到。带有这些负面情绪的人，就像失去阳光和雨露的生物一样，没有一点生机和活力，任谁见了都会心生反感。一个没有精神的员工不只在视觉上无法为自己加分，在工作上更不会做出什么业绩，因为在工作的过程中懒懒散散、拖拖拉拉，不但使自己的工作效率降低，还会对整个团队造成负面影响，影响到公司整体的进度。

现在企业也日益看重激情对员工工作起到的积极作用。在生活中，我们总会在一些服务性较强的商铺，听到导购们一起喊着鼓励自己的口号。正是因为不断地自我提醒，才让这些员工更加热情洋溢地工作，也能够让顾客们被这种热情所感染。其实他们的工作很简单，整个销售的过程也并不复杂，他们也很少遇到什么解决不了的难题，无非都是按照规矩办事。但就是这样简单的、不复杂的、没有太大挑战性的工作，却要求员工做到百分之百地投入、百分之百地热情、百分之百地服务，他们要永远面带微笑，不厌其烦地回答顾客的问题。激情使得他们办事效率很高，整个工作过程也都让人心振奋。

对于一个员工来讲，我们在工作中可能不能用喊口号这样的举动来展示自己的激情，但是激情仍然是促进我们努力工作的重要动力，借助它的能量，你可以让自己始终如一、保质保量地完成你的工作。保持激情，你才能不忘记自己当初对这份工作的喜爱，你才能在想偷懒和懈怠时重整心态，你才能在工作中坚持向着自己的目标大踏步地前行。充满激情地工作，你才能时刻为你的公司、为你的企业、为你的同事奉献自己的力量，在平时做自己力所能及的工作，忍受不断重复的工作所带来的平淡无味，并从琐碎的日常工作中发现不一样的东西；在团队需要时做自己力所不及的工作，相信自己可以蹦一蹦就触到成功的底线，并从不断地接受挑战中让自己越来越高，每次都可以从一个越来越高的起点起跳，也就会越跳越高。

如果你失去了对工作的激情，你可以通过自我激励的方法重新获得它，你也可以通过调控自己的心境去进行调整。不要让自己失去激情，如果你真的失去了它，那么你就不可能再在这个岗位上更好地奉献自己，也就不能从中汲取营养，更不可能在这个工作中获得事业上的进步。所以，为了我们能快乐的生活和工作，也为了能让自己在奉献自己劳动的过程中，看到自己生存的意义和价值，让我们满怀自信和激情投入到工作中的每天一天吧。

6 无私奉献是一生的追求

“将有限的生命融入到无限的奉献和追求中去吧！”这是现代人对生命的价值最崇高的宣言。只有奉献，才能让生命的意义得到最大价值的体现。把无私奉献作为毕生追求的人，不管他多么平凡，从事的工作多么微小，都会让人们永远铭记他的名字和事迹，他将永远是人们学习的榜样，永远活在人们心中。比如说雷峰、郭明义，他们在平凡的工作岗位上把无私奉献作为自己一生的追求，为自己平凡的人生写出了伟大的篇章。

或许，你会说“我比他们平凡，我的奉献不会有人知道”、“要把奉献作为一生的追求，很不现实”。其实，只要你想将工作干得卓越，就是在奉献，你的奉献企业知道、老板知道、上司知道、同事知道，甚至于在同行业内享有声名。要知道正是成千上万像你一样的人的奉献，社会才得以发展，人类才得以进步，后世子孙才得以受益。如果你想将工作干得卓越，取得好成绩，如果你希望在职场永远不被淘汰，能事业有成，首先就要有把“无私奉献是一生的追求”的理念。

奉献不光是不计回报地帮助他人，让他人受益，更重要的是，奉献是一种崇高的人生境界。把自己的私欲暂时放到一边，全身心地投入到工作中，付出自己的热情，坚持自己的选择，为了更好地完成工作而积极进取，你将在职场收获得更多。因为生命的意义已经在发光和热，它不仅照

亮和温暖了自己，还照亮和温暖了你身边的人。

李素丽，是一个大家再熟悉不过的名字。她过去是北京21路公交车上的普通售票员，因为热情周到的服务、尽职尽责的工作，影响了当时整个公交行业的风气，让全国人民都记住了她的名字。从1981年工作伊始，她就把“全心全意为人民服务”作为了自己的座右铭，被誉为“老人的拐杖，盲人的眼睛，外地人的向导，病人的护士，群众的贴心人”。

而今，50岁的李素丽正在人生的第二个舞台上奉献着自己的力量。目前，她担任北京市公交集团公交服务处副处长、北京交通服务热线主任。

1999年，北京成立了以李素丽的名字命名的公交服务热线，李素丽本人被任命为负责人。2008年，该热线整合了公交、地铁、省级长途交通咨询服务，升级为北京交通服务热线。工作人员也从十几名扩充到了一百二十多人。这条热线刚开通时，第一天就接到了上千个电话，李素丽和同事们坚持起早贪黑地工作，录入了上万条数据，三天三夜没回家。现在热线平均每天要接到18000多个电话，最多的时候一天要达到40000多个电话。自这条热线成立以来，所有的节假日李素丽都是在工作岗位上度过的。

因为信任，所以很多市民都不光是为了咨询路况和出行信息才打这个电话，包括生活中的一些琐事都会打这个电话咨询，希望李素丽能够帮助他们解决困惑。而李素丽也很热情，她说：“想找我最容易了，打96166就行！”

热线开通了十多年，对于每一个打进来的电话，李素丽都能认真对待，积极地帮助解决问题。她更以此严格要求每一名工作人员。

而热线对于每一个在这里工作的人员都像家一样亲切温暖，在这个大家庭里，没有人喊李素丽为李处长、李主任，基本都是李师傅、李姐、丽姐，甚至还有人叫她“李妈”。李素丽对此很自豪，她一直努力把热情营造成家的感觉，就像当年在21路公交车上所营造出来的那种氛围。在工作中，她还经常热情地帮助有困难的职工，员工的事她总是很挂心。李素丽认为，接线员是公交和乘客之间沟通的桥梁，如果接线员的情绪欠佳，语言有问题，就会影响乘客的心情和公交的形象。现在自己为职工服务，其实就是在为乘客服务。

李素丽说："虽然我50岁了，我仍然要再出发，劳模荣誉不是终点，我一直把它当做新的起点。""聚光灯要更多地照在我们这个集体上，无论口号和榜样怎么变，为乘客提供满意服务的宗旨永远不能变。"

李素丽说："公交车有终点，服务没有终点。"在售票员岗位上，她为乘客奉献；在交通服务热线岗位上，她为群众奉献。她的事迹被广泛传播，她的形象也在追求奉献的精神中伟岸和高大起来。如果，我们在企业中也能像李素丽一样，把无私奉献当做一生的追求，我们就一定能将工作干得更卓越，就一定能在工作中找到自己的人生定位，体现自己的价值。

现代企业越来越需要员工有奉献精神，因为企业要发展，要在市场竞争中站稳脚跟，员工的奉献精神在成就企业的同时，无疑也成就了自己。李素丽的事迹，就是最好的证实，鲜花和掌声只为有奉献精神绽放、响起。事业的辉煌，是属于能把无私奉献作为一生追求的员工。

无私奉献是一生的追求，对企业无私奉献，你会将工作干得更卓越。作为一名新时代的员工，应该提升自我素养，成为乐于奉献的"工作达人"。这样的状态会让你在工作过程中少钻些牛角尖，少些浮躁和情绪，多些热情，多些干劲，在平和的心态下高效地完成工作。工作最大的快乐，莫过于自己的付出，得到领导的认可和同事的支持。在职场上，我们必须持之以恒地把奉献作为一生的追求，才能在对企业永远奉献的同时，获得人生最大的回报。